企业经营仿真系统在实践教学中的应用研究

柯美胜　著

中国纺织出版社有限公司

图书在版编目（CIP）数据

企业经营仿真系统在实践教学中的应用研究 / 柯美胜著. -- 北京：中国纺织出版社有限公司，2023.7
ISBN 978-7-5229-0844-1

Ⅰ.①企⋯　Ⅱ.①柯⋯　Ⅲ.①企业经营管理—仿真系统—教学研究　Ⅳ.① F272.3

中国国家版本馆 CIP 数据核字（2023）第 150126 号

责任编辑：茹怡珊　　责任校对：高　涵　　责任印制：储志伟

中国纺织出版社有限公司出版发行
地址：北京市朝阳区百子湾东里 A407 号楼　邮政编码：100124
销售电话：010—67004422　传真：010—87155801
http://www.c-textilep.com
中国纺织出版社天猫旗舰店
官方微博 http://weibo.com/2119887771
三河市宏盛印务有限公司印刷　各地新华书店经销
2023 年 7 月第 1 版第 1 次印刷
开本：787×1092　1/16　印张：11
字数：214 千字　定价：98.00 元

凡购本书，如有缺页、倒页、脱页，由本社图书营销中心调换

前言
Preface

　　实践教学是高等教育教学的重要组成部分。实践教学侧重对理论知识的验证、补充和拓展，具有较强的直观性和可操作性，旨在培养学生的实践操作能力、组织管理能力和创新能力。管理学科是集理论、实践于一体，强调个性创造和职业培养的应用学科。在高等学校管理专业的教学模式中，不能采取单向的课堂理论教学方式，而应大力加强实践教学，充分调动教与学两方面的积极性。

　　企业经营仿真系统，模拟了现实环境中的商战要素，提供了一个很好的企业经营模拟仿真平台。它融会贯通了管理学所有课程的核心概念，构建了清晰的三维知识结构图，是对传统教学方式的变革，是高校管理专业加强实践教学的重要手段。仿真模拟实训平台作为企业管理工具的集成系统，对操作人员的知识面要求很广，教学手段从纯理论教学演变成理论和实训课穿插进行，最大限度地提升学生个人的从业综合能力，并在此基础上将整体学生的实际操作能力培养出来，以便学生在步入社会工作后更具有岗位适应性。基于实训平台实训对象的多元化，实训平台所面向的人群范围将会从某专业拓展至全校，做到有效覆盖多个专业、多门学科以及不同学历等层次，进而实现实训平台的规模与投资收益最大化。另外，培训平台的管理模式采用开放式管理，即最大限度地将选择空间给予学生群体，做到实训项目、时间、相关考核方法更具有灵活性，促进学生特长发展的同时，运用因材施教的教学方式为社会培养出更多、更有创新力的实用型人才。仿真模拟实训平台以模拟企业实验室为载体，在仿真的企业环境中利用软件和企业信息化管理技术，模拟企业实际的生产经营过程。在模拟企业中，让学员分别扮演不同的管理角色，亲身经历企业的经营全过程，体验企业各部门的工作流程，并学习企业中各岗位的职责，加深对所学信息化管理理论的理解，掌握企业物流、资金流、信息流的循环和周转，增强企业信息化管理的应用技能。

　　仿真模拟实训平台的建设体现了集约化的思路，可运用于全校经管类专业的实训，最大限度地利用资源提高效率，其多功能设计本身就体现了现代管理思想的实践。实训平台的管理配合实验室管理、网络管理等，使实训平台成为校内的实训基地，使学生在校期间就能得到社会实践，从而缩短校内与校外、学与用之间的距离。基于此，本书首先分析了大数据试验平台架构与虚拟化实现，其次以企业运营虚拟仿真平台的内涵及功能架构为切入点，介绍了企业运营虚拟仿真平台的功能架构以及平台建设的内容和实验评价模式，详细阐述了大数据在虚拟仿真系统教学中的应用，最后提出了企业经营仿真系统在实践教学中的应用策略。

著者
2023 年 2 月

目 录
Contents

第一章 导论

第一节 研究背景

2012年3月，教育部颁发了"教育信息化十年发展规划（2011—2020年）"，提出建设高校网上虚拟社区、虚拟实验室、虚拟仿真实训基地和1500套虚拟仿真实训实验系统等建设任务。2013年8月，教育部颁发的《教育部办公厅关于开展国家级虚拟仿真实验实训教学中心建设工作的通知》（教高司函〔2013〕94号），首次提出建设100个国家级虚拟仿真实验教学中心。到2015年，教育部连续三年发文提出建设100个国家级虚拟仿真实验教学中心。2017年7月，教育部办公厅发布了《2017—2020年示范性虚拟仿真实验教学项目建设通知》（教高厅〔2017〕4号），规划4年内，我国各类高校将建成1000个国家级示范性虚拟仿真实验教学项目。2017年8月，教育部颁发《教育部办公厅关于开展2017年度示范性虚拟仿真实验教学项目认定工作的通知》，通知明确2017年度示范性虚拟仿真实验教学项目认定计划为100个，实际公布认定结果为105个。2018年5月，教育部颁发《教育部关于开展国家虚拟仿真实验教学项目建设工作的通知》，通知指出，国家虚拟仿真实验教学项目是示范性虚拟仿真实验教学项目建设工作的深化和拓展，并公布首批国家虚拟仿真实验教学项目105个，首批国家虚拟仿真实验教学项目与2017年度示范性虚拟仿真实验教学项目相同。2018年7月教育部颁发《教育部办公厅关于开展2018年度国家虚拟仿真实验教学项目认定工作的通知》，决定启动2018年度国家虚拟仿真实验教学项目认定工作，认定计划为260个。表1-1概括了2012—2020年国家层面虚拟仿真实验教学项目建设情况。

表1-1 2012—2020年国家层面虚拟仿真实验教学项目建设情况一览表

项目年份	国家级虚拟仿真实验教学中心	示范性虚拟仿真实验教学项目	国家虚拟仿真实验教学项目	备注
2012	—	—	—	提出建设任务
2013	100	—	—	—
2014	100	—	—	—
2015	100	—	—	—
2016	—	—	—	没有查阅到建设资料

项目年份	国家级虚拟仿真实验教学中心	示范性虚拟仿真实验教学项目	国家虚拟仿真实验教学项目	备注
2017	—	105	105	将2017年105项示范性虚拟仿真实验教学项目认定为2018年首批国家虚拟仿真实验教学项目
2018	—	—	260	—
2019	—	—	300	待建
2020	—	—	350	待建
合计	300	105	1015	—

2013年10月10日，湖北省教育厅发布《教育厅办公室关于做好国家级虚拟仿真实验教学中心申报工作的通知》（鄂教高办函〔2013〕11号），要求在已有的国家级或省级实验教学示范中心基础上，积极申报建设国家级虚拟仿真实验教学中心。

经高校申报、专家组评审，2013年11月27日湖北省教育厅审核同意湖北大学"经济管理虚拟仿真实验教学中心"等17个实验教学中心为湖北高校省级虚拟仿真实验教学中心建设项目。2014年9月4日，湖北省教育厅发布《省教育厅办公室关于做好2014年国家级虚拟仿真实验教学中心申报工作的通知》，通知明确2014年全省拟建设20个左右具有示范、引领作用的省级虚拟仿真实验教学中心，并从中择优推荐9个中心申报国家级虚拟仿真实验教学中心。经高校申报、专家评审，2014年11月3日湖北省教育厅审核同意华中科技大学"生命科学与技术虚拟仿真实验教学中心"等13个虚拟仿真实验教学中心为2014年省级虚拟仿真实验教学中心。2015年7月7日，湖北省教育厅发布《省教育厅办公室关于做好2015年省级虚拟仿真实验教学中心建设和国家级虚拟仿真实验教学中心申报工作的通知》，通知明确2015年全省拟建设20个左右具有示范、引领作用的省级虚拟仿真实验教学中心，并从中择优推荐9个中心申报国家级虚拟仿真实验教学中心。经高校申报、专家评审，2015年12月16日湖北省教育厅审核同意华中师范大学"电子商务虚拟仿真实验教学中心"等20个虚拟仿真实验教学中心为2015年省级虚拟仿真实验教学中心。2017年9月中旬，湖北省教育厅下发了《省教育厅办公室关于申报推荐2017年度国家级示范性虚拟仿真实验教学项目认定工作的通知》（鄂教高办函〔2017〕9号），湖北省有8个项目（当年全国立项总数为105项）认定为2017年度国家级示范性虚拟仿真实验教学项目。2018年8月21日，湖北省教育厅办公室下发《省教育厅办公室关于做好2018年度国家级虚拟仿真实验教学项目申报推荐工作的通知》，通知要求各高校根据本校专业特色和优势，积极组织申报，但每级限报4个项目，省教育厅在各校申报的基础上，组织专家评审，遴选确定42项向教育部推荐申报。表1-2概括了2013—2018年，湖北省高校虚拟仿真实验教学项目建设情况。

表 1-2　2013—2018 年湖北省高校虚拟仿真实验教学项目建设情况一览表

项目年份	虚拟仿真实验教学中心		示范性虚拟仿真实验教学项目		国家虚拟仿真实验教学项目		备注
	省级	国家级	省级	国家级	省级	国家级	
2013	17	5	—	—	—	—	—
2014	13	3	—	—	—	—	—
2015	20	3	—	—	—	—	—
2016	—	—	—	—	—	—	没有查阅到建设资料
2017	—	—	8	8	8	8	2017 年示范性虚拟仿真实验教学项目认定为 2018 年首批国家虚拟仿真实验教学项目
2018	—	—	—	—	42	—	—
合计	50	11	8	8	50		

　　开展国家级虚拟仿真实验教学中心、示范性虚拟仿真实验教学项目和国家虚拟仿真实验教学项目建设，带动了省级虚拟仿真实验教学中心、示范性虚拟仿真实验教学项目建设，对高校建设虚拟仿真实验教学中心起到了引领作用，对高校各专业、学科建设虚拟仿真实验教学项目起到了示范作用，对高校持续推进实验教学信息化建设、推动实验教学改革与创新起到了促进作用。仅就经济、管理类专业而言，据不完全统计，湖北省各高校建成并投入使用经济管理虚拟仿真实验实训中心达 50 多个，虚拟仿真实验教学中心建设方兴未艾。

　　由此可见，国家正大力发展虚拟仿真技术以及运用虚拟仿真技术开展实践教学，使虚拟现实技术能够发挥其自身优势，充分解决学生偏理论、缺实践的现实问题。但是，虚拟仿真实训系统如何满足学生的学习需要，学生对学校普遍提供的虚拟仿真实训系统的接受态度如何，学生学习行为能动性的主要影响因素有哪些。这些问题的解决，能够帮助学校及企业在开发和教学上减少不必要的盲目性，扫清运用虚拟仿真技术进行实训教学的障碍，使实训教学能够真正惠及学生，提高其实践能力。针对上述现状，本书首先分析了大数据试验平台架构与虚拟化实现，其次以企业运营虚拟仿真平台的内涵及功能架构为切入点，介绍了企业运营虚拟仿真平台的功能架构以及平台建设的内容和实验评价模式，详细地阐述了大数据在虚拟仿真系统教学中的应用，最后提出了企业经营仿真系统在实践教学中的应用策略。

第二节　研究综述

一、认知负荷理论

认知心理学家约翰·斯威勒（John Sweller）是认知负荷理论的首次提出者，他将认知负荷归为三类：一是内源性认知负荷，负荷的产生与学习者掌握的学习材料及自身的专业知识有关；二是外源性认知负荷，负荷是由于学习材料的呈现方式混乱或教学设计不合理造成的；三是关联性认知负荷，是学习者利用自己先前所学的知识对新知识进行有意义的主动建构时所产生的一种有效的认知负荷。

如果学习材料中包含了较多繁杂的信息，那么无疑加重了学习者理解的负担，若学习者能将学习材料中的有效信息与自己已有的认知主动联系起来，那么就便于理解了。因此，认知负荷理论应用于教学设计的关键就是在有限的处理方案中，尽量减少外在负荷，同时为了避免认知超载，要把学习者已有的专业知识充分考虑进去。

当用户使用一个产品的功能时，如果需要花费较长的时间探究如何找到相应的功能，他们不断尝试的每个步骤都会增加他们的认知负荷，当用户再次使用这个产品时会产生一定程度的畏惧，他们在无形之中会把注意力放在系统如何操作上而不是关注内容，则导致系统的使用效率大大降低，而这违背了系统开发的初衷和用户使用系统的真正目的。因此，在设计开发一个系统时，应尽量使整体界面简洁，减少功能模块的设计，同时资源的呈现方式也不宜太复杂，这样会大大减少用户的外部认知负荷，从而把注意力更多地集中在知识内容本身。

二、用户体验理论

用户体验是指一种在使用产品过程中建立起来的纯主观感受。随着时代的不断进步，产品设计越来越重视以用户为中心的理念。ISO 9241.210 标准将用户体验定义为"人们对于使用或期望使用的产品、系统或者服务的认知印象和回应"，即"这个产品好不好用，用起来是否方便"。因此，用户体验是用户基于实际应用，从主观心理角度产生的直接感受。

信息构建师彼得·莫维尔（Peter Morville）将用户体验要素描述为一张蜂窝图，具体包括有用性、可用性、满意度、价值性、可找到性、可获得性、可靠性 7 个要素，如图 1-1 所示：

图 1-1　用户体验蜂窝图

从用户体验蜂窝图可看出，良好的用户体验需要把这 7 个要素综合起来，而不是只达到其中一个要素就行。其中，有用性表示设计的网站产品应当是有用的，不应设计一些对用户来说根本毫无用处的东西；可找到性，即网站导航的布局应当合理清晰，使用户不仅很容易就能找到所需功能，而且时刻知道自己在当前系统的具体位置；可获得性要求网站信息应当能被所有用户获得；满意度，是指用户在使用网站时能够产生愉悦感和舒适感，满足用户的情感体验和各种需求；可靠性，是指网站能够让用户充分信赖；价值性，是指网站要能盈利，而对于非营利性网站也要能促使其实现预期目标。

三、可用性工程理论

可用性工程是交互式 IT 产品的高级开发方法论，适用于产品生命周期的各个阶段，它基于用户的体验进行产品的设计与开发，能够有效地评估和提高产品的可用性质量，弥补传统开发方式无法保证产品可用性质量的缺点，1990 年以来，它一直在欧洲国家以及美国、日本、印度等国家的 IT 行业被广泛使用。

（一）可用性测试

可用性测试是让一群具有典型性特征的实际用户在实验人员的引导下对产品进行独立操作，测试人员在一旁观察、做记录，分析用户的操作行为，进而对产品可用性进行评估的一种方法。这一过程中数据收集最为重要，通常的数据收集方法有大声思维法（让用户在使用产品过程中大声说出自己正在做的事情以及自己的想法）、用户观察法（对用户的行为观察分析）、录像记录法（用录屏软件记录用户的界面操作步骤）等。其中，尼尔森认为大声思维法是数据收集方法中最有效的方法，用这种方法能够快速有效地收集到用户对于系统界面的有关评价。最后进行数据收集时一般从两个方面进行，分别是客观数据和主观数据，客观数据一般是从用户完成的既定任务过程中获取，而主观数据则是从事后对用户进行问卷调查及访谈中获取，评估者要综合分析这两种数据。

可用性的整个测试过程主要包括 4 个步骤（图 1-2）：

```
┌──────────┐      ┌──────────┐      ┌──────────┐      ┌──────────┐
│   确定    │      │  招募用户  │      │   测试    │      │ 数据分析  │
│ 测试目的  │ ───▶ │ 新手用户  │ ───▶ │  试测    │ ───▶ │ 撰写测试  │
│ 测试计划  │      │          │      │ 正式测试  │      │   报告    │
└──────────┘      └──────────┘      └──────────┘      └──────────┘
```

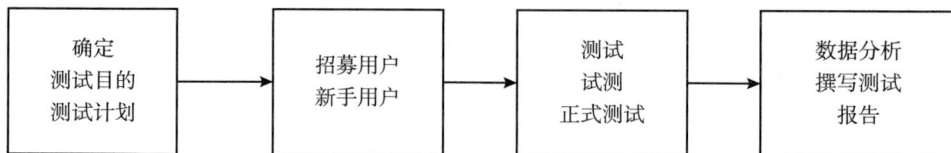

图 1-2　可用性的测试过程

1. 确定测试目的和测试计划

首先要明确测试的目的是形成性评估还是总结性评估。形成性评估是产品设计过程中使用的方法，通过迭代式将用户置于特定场景中完成特定的任务来发现可用性问题；总结性评估目的在于获得产品的总体评价结果，可以定量评价一种设计方案相对于另一种方案的优劣势。测试计划包括如下内容：测试想要达到的目的；测试在什么时间、什么地点进行；测试所需的全部设备；每一次测试预计耗时；谁担任测试人员；如何招募实际用户，需要多少用户数量；制定测试任务和测试标准；数据收集与分析。

2. 招募用户

在招募用户过程中，要遵守的主要原则是所选取的用户最好能代表预期使用系统的用户，若因为特殊情况必须简化可用性测试过程而只招募少数用户的话，那么应该选择普通用户而不能选择特殊用户。"用户立方体"从三个维度区分不同用户的经验，分别是：对计算机的经验、对该领域的经验、对系统的经验。

3. 正式测试

正式测试一般包括四个步骤，分别是准备工作、介绍流程、阶段测试和事后交流。准备阶段中测试人员要提前将测试所需之物准备好，例如测试场所、测试所需设备、测试任务单等，一切准备就绪后等待测试人员入场；介绍阶段中实验人员向测试用户简要说明此次测试目的，提醒测试用户无须紧张，然后告知其测试流程以及测试过程中需要注意的问题，随后发放测试任务单；测试阶段中实验人员应保持沉默，尽量不要与测试用户进行交流，让他们独立完成任务，其间不要对他们的操作发表个人观点，但当用户对一个操作停滞不前并明显表现出不愉快表情时实验人员应及时予以帮助；事后交流阶段实验人员发放满意度调查问卷，待所有测试用户填写完成后尽快整理好调查问卷并及时进行分析。

4. 数据分析并生成

撰写可用性测试报告时，实验人员可以从以下几点收集可以量化的可用性指标：

①用户完成的任务数量；

②用户完成任务所花费的时间；

③正确的交互操作与错误交互操作之间的比较；

④用户出错的次数；

⑤从错误中恢复正确操作所用的时间；

⑥用户所用到的系统功能数量；

⑦用户从未用到的系统功能数量；

⑧测试完成后用户记住的系统功能数量；

⑨用户使用系统帮助功能的频率及使用时长；

⑩帮助功能解决了用户多少个问题；

⑪用户在完成测试任务期间对系统的认可和批判的比例；

⑫用户表达明显喜欢（或明显挫折）的次数；

⑬用户从当前任务被吸引到其他地方的次数；

⑭喜欢用该系统的用户比例；

⑮用户必须解决的某个无法解决的问题出现的次数；

⑯高效使用系统和低效使用系统的用户比例；

⑰用户不与系统进行交互操作的"呆滞"时间。

然而，在任何的数据度量分析中，不一定要对上述所有度量指标都进行记录分析，通常根据不同情况对以上部分度量指标进行数据的收集与分析，最后根据分析结果撰写可用性测试报告。

（二）可用性评估方法

目前常见的可用性评估方法除了上述所描述的可用性测试法以外，还有十几种评估方法，例如启发式评估法、问卷调查与访谈、焦点小组、认知过程走查法、大声思维法、边做边说等，这些评估方法被广泛用于不同产品的可用性评估中。然而这些方法各有优缺点，不能只靠单一的评估方法就评价一个产品的可用性如何，因此要根据不同评估方法的特点，将这些方法结合起来，相互补充，共同作用。

然而，由于可用性评估大多出自评估用户的主观意见，带有一定的主观性而缺少了一定程度的客观性，因此，很多研究者们开始将专门用于可用性测试的软件及仪器应用到可用性评估过程中去，最常见的有眼动仪、美国 TechSmith 公司发布的一款软件MORAE 等，利用这些辅助性软件可以从客观全面的角度对可用性的有关问题进行数据收集与分析。当然，在实际操作过程中不能仅依赖这些辅助性工具，也必须要有实验人员的参与，并且需要与上述的可用性评估方法相结合，才能做到既弥补了一些可用性评估方法客观性上的不足，又有利于全面系统地进行可用性分析。

四、协同网络理论

协同网络是指由具有自主性、地域分布性，且在环境、文化、目标等方面具有异质性的各种实体（例如组织、人或机器）组成的一种网络形式。与一般形式的网络不同，为了更好地实现共同目标，协同网络中的实体会在一定程度上共享能力、资源、风险、收益和损失。大多数的协同网络都会以各种组织的形式来运行与维持，这样的组织就被称为协同网络组织。

　　为了实现组织内或组织间有效协同的目标，在 CNO 的相关研究当中定义了两种主要的组织形式和管理模型：以虚拟组织（Virtual Organization，VO）为代表的短期目标导向型网络和以虚拟组织培育环境（VO Breeding Environment，VBE）为代表的长期战略型网络。相比于组织管理领域对虚拟组织这一概念的普遍理解，协同网络组织理论中更加强调 VO 的动态性，即要求 VO 根据市场机会的出现进行快速建立，从而有十分明确的目标导向。VBE 的出现很好地满足了 VO 的动态性需求。虚拟组织培育环境（VBE）是指遵守基本长期合作协议、采用共同的管理原则和基础设施的联盟。VO 与 VBE 的运营均分为建立、执行等阶段，各个阶段的目标与行为如表 1-3 所示。

表 1-3　两种主要 CNO 组织形式的主要运营阶段

运营阶段		目标	行为
短期目标导向型（VO）	建立	发现机会与目标；形成相对稳定的协同模式	市场机会识别、制定协同目标、VO 计划、成员识别与选择、协同模式制定、信任建立
	运营	抓住市场机会；规避风险或降低其影响	协同信息共享、知识管理、风险管理、信任管理、成员行为引导、成员决策支持
	演化	制定新目标；根据新目标调整协同模式	市场机会识别、制定协同目标、协同模式调整
	解体	协同成果反馈	协同成果反馈
长期战略型（VBE）	建立	发现共同的潜在目标；形成部分协议与共识	VBE 计划、成员识别与选择、协同模式制定、信任建立
	运营	为新 VO 的建立和完成目标 VO 的解体做好准备	成员识别与选择、协同信息共享、知识管理、风险管理、信任管理、成员行为引导

　　在协同网络组织理论十多年的发展历程中，学术界关于协同网络的研究主要集中在协同网络的模型建立和建模方法、工具以及怎样把协同网络的概念应用到具体的领域、案例和建模方法、理论的深化等方面。

　　对于 VBE 来说运营的重点在于各种组织资源。根据 Wernerfelt 经典的"资源观"理论，组织中有形或无形的资源可以转变为组织独特的能力，这些独特的资源和能力是组织持久竞争优势的源泉。VBE 中包含知识密集型组织中的知识、系统、人力、财务等各类资源，但这些资源本身并不能保证在知识创造等活动中及时、充分地发挥其价值。因此，VBE 不仅需要关注资源积累，更应当对资源进行有效的整合，以及关注资源在 VO 知识活动中的具体应用。

　　相比于面向组织内外部资源的 VBE，VO 的运营主要面向特定的知识业务目标。目前，多数组织内部团队运营仍采用传统的项目管理模式，即以计划为驱动，由特定管理者负责管理冲突、解决问题、评估团队成员绩效，以保证团队计划的顺利完成。在知识密集型组织的背景下，由计划驱动的运营模式存在两类问题：一方面，以知识创造为代表的知识活动难以按照传统项目管理思路进行流程分解与计划；另一方面，以特定管理者为核心的项目团队难以完成对 VBE 资源的有效调配与使用。因此，VBE 背景下的 VO

如何在组织资源的有效支持下，以知识业务目标为导向开展运营是该组织模式下需要解决的问题。

协同网络理论为数字化平台运营提供了新的思路与方法，即将各种角色与各类平台资源以 VO-VBE 的思路进行组建并运营。对于虚拟仿真教学平台运营过程中涉及的多方协作、资源整合等现实需求，协同网络理论中的相关方法与模型具有很好的应用潜力。

五、建构主义理论

建构主义作为一种关于认识的哲学，有着深刻的思想渊源。它具有迥异于传统的学习理论和教学思想，对教育实践及教育信息技术的发展具有重要指导价值。

18 世纪哲学家维科认为：人的真理是由人类行为的建构和塑造才得以认识。该论述被认为是建构主义思想的最早起源。瑞士著名心理学家皮亚杰和苏联早期著名心理学家维果茨基，被认为是建构主义理论的两位主要奠基者。皮亚杰经过对儿童的认知发展进行了深入而系统的研究后提出，儿童发展在很大程度上依赖于儿童对周围环境的操纵以及与周围环境的积极互动。他认为，认识既不发端于客体，也不发端于主体，而是发端于联系主体、客体相互作用的动作过程之中。维果茨基开创了被称为"社会建构主义"的理论范式。维果茨基强调社会环境下意识与活动的统一性，他充分肯定了学习者在教育过程中的主体地位，而教师的作用则体现在如何利用社会环境的巨大可能性去引导和指导学习者完成建构。

在建构主义理论体系下，学习是学习者基于原有的知识经验生成意义、建构理解的过程。基于这样的视角，知识应当是发展的，不可以被简单认为是从 A 传递到 B。因此，教学不是一个"传递"知识的过程，而是一个由教师帮助学习者依据自身的经验建构意义的过程。在这个过程中，学习者是信息加工的主体，是意义的主动建构者，而不是外部刺激的被动接受者和被灌输的对象。建构主义要求教学过程中应让学习者在特定情境下进行较为独立的探索学习。教师在这个过程中起辅助作用，并让学习者在其中占主导地位。

虽然建构主义在近年来已经受到了广泛关注，但在实际中的应用却往往造成了教师作用缺位、"少教不教"等问题的出现，大多为学习者提供自主探索、自主建构的教学手段在实施过程中流于形式化，难以保证教学质量。因此，建构主义在教学中的有效实施，需要教育信息技术的强力保障和正确应用。但在许多过往的教学实践中，教育信息技术在课堂中的应用盲目追求教育设计的绝对客观性与流程可控性，而未能在学习者是否真正完成了知识的建构方面给予足够的重视。

建构主义强调情境、协作、会话以及认知的多样性，而仿真技术的强大作用为建构主义的有效实施提供了可能性。仿真技术可以在虚拟空间中营造尽可能贴近实践的学习情境，帮助学习者摆脱时间与空间的限制，在探索中完成知识建构，满足建构主义认知的诸多需求。但是，想要充分发挥仿真技术在教育领域应用的特性与优势，必须要有先进认识理论的指导，而建构主义提供了区别于传统行为主义的学习理论，为虚拟仿真教学在各类教学场景中的有效实施拓展了新的设计思路与研究方向。

第二章　大数据试验平台架构与虚拟化实现

第一节　大数据虚拟仿真试验平台的组成

一、大数据的特点及应用

人们逐渐进入了信息化时代，计算机技术水平也更加先进，为广大人民群众的日常生活带来更多便捷性条件。大数据技术可以在满足现代社会发展特点的同时提取富有价值内涵的信息内容。

（一）大数据技术的特点

1. 人工智能技术的应用

大数据技术通常在海量数据内容当中挖掘富有价值意义的数据信息，并在后续对所获取的信息数据展开分析处理。在信息化爆炸的时代背景下，广大人民群众被无法精准记录的信息大范围覆盖，大数据技术的进一步发展尤为重要且必要。实现对大数据的智能化处理可以在根本上提高数据处理水准，在此情况下需要积极引入人工智能技术。现阶段，机器学习、模式识别、数据挖掘等人工智能技术已经在大数据各大程序中有所造诣，进而逐渐成为各大模块当中的核心部分。

2. 开源软件获得广泛应用

如今，大数据技术在各大产业领域中获得广泛应用，在信息快速发展的时代背景下，各大产业领域纷纷朝科技化、智能化方向稳步迈进。大数据技术在发展阶段中所研发出的分布式处理软件框架、可视化软件环境、非关系型数据库及开源软件在各行各业均有一定的应用价值，这些多样化软件的设计研发与大数据技术的稳定发展息息相关。

3. 数据快速处理

数据快速处理主要指的是数据在点击访问过程中所呈现出的速度，其与传统数据挖掘技术存在本质方面的区别与差异，在新时代发展背景下，部分数据获取和数据存储相关设备，会在日常生活中进行数据的大量收集与获取，并在快速处理的前提条件下实现高效、精准。

4. 数据类型多样性

数据类型多样性特点通常体现在半结构化数据、非结构化数据和结构化数据等方面。现如今结构化数据在整体数据范围内的占比约为 15% 左右，其他普遍展现为非结构化数据。

5. 数据容量大

数据容量大是大数据技术的关键特点，而且整体涉及规模过于庞大，从以往所采用的 GB、TB 逐渐升级为 PB 级别，甚至部分大型企业运用了 ZB 和 EB 等计量级别。

6. 分布式处理架构与非结构化数据处理技术

大数据处理阶段中所涉及的数据内容数不胜数，数据处理方法需要及时加以完善和优化。传统数据处理方法无法充分满足新时代数据信息的各项需求，随着人们的进一步探究与研究，在大数据技术的实际处理环节当中，分布式处理方式逐渐占据了至关重要的地位，这也是新时代发展的必要趋势。除了分布式处理模式，分布式文件系统、分布式编程环境等相关技术也获得了显著性应用效果。另外，大数据技术涵盖了多样化数据处理技术，非结构化处理数据与传统文本信息存在或多或少的差异化问题，主要体现在文档、视频和图片等数据形式当中，在云计算技术的稳步发展进程中，各产业领域对此种数据处理技术的标准需求愈加广泛及严格，非结构化数据采集技术、数据库技术等发展速度也会逐渐加快。

（二）大数据技术的应用

1. 汽车行业大数据技术的应用

随着新时代信息资源的进一步发展，部分传统企业需要对海量数据加以管理，因此需要针对原有的大数据技术展开深度钻研，在此情况下，汽车行业逐步进入大数据时代。在当代日本汽车行业中，部分专业研究人员对行驶人员的驾驶习惯及行为举止进行深度调查，并将其展开数据化处理，进而实现自动调整汽车座椅的使用习惯，还有部分科研机构根据汽车中心的数据化特点，充分彰显出汽车零部件的特定价值，由此可见，大数据技术在汽车行业中的实际应用充分彰显出大数据时代的兴起与发展。

2. 移动互联网大数据技术的应用

随着大数据技术的诞生和移动网络设施的进一步发展，此行业有了更高的地位。中国移动宁波分公司便在金融领域当中与当地银行机构开展了数据共享及互通的相关工作，进而做到在多样化信息渠道下对用户展开精准化服务，互联网领域还可以在大数据的支持下加以修改，例如人们乘坐高铁设施期间，如果手机网络信号较为薄弱，其会在大数据技术的帮助下优化网络，进而提高整体网络运行速度。

3. 大数据关键技术

大数据发展阶段中，极其重要的模块主要包括数据采集、数据分析处理和数据解析管理，上文所论述到的大数据技术显著性特点之一便是其自身的多样性，而在复杂、烦琐的环境下更需要开展科学化数据采集预处理分析，一般可以将其详细划分为智能感知层，其主要运用数据传感器和通信体系等其他测试装置与系统有效衔接，只有这样才可以在根本上对结构化数据和非结构化数据信息展开智能化识别与管理。分析技术是提高大数据便捷性的关键流程，在传统数据挖掘和机器学习的前提条件下，相关科研人员及时设计研发出网络挖掘技术、图像挖掘技术等创新型技术方法，通过数据分析所获取的结论可以有效运用于智能网络系统及推荐系统等方面。对于普通分析人员和终端用户而言，最重要的是为其提供清晰直观的解析效果，进而帮助其在解析管理层面上加以突破。在此情况下，可以积极运用多样性可视化技术帮助，并在人机交互技术实际应用阶段中，逐渐对终端用户展开科学化分析，促使其呈现出最大化解析实效性。通过构建完善的数据库，重点解决结构化、半结构化和非结构化的数据信息，并在此基础上设计研发出可靠性较强的分布式文件系统、大数据去冗余及成本较低的大数据储备技术。

（三）大数据技术的发展趋势

现如今社会发展中所涉及的大数据技术公司主要由三种类型组建而成，分别为创新型、技术型和数据型等，无论哪种类型的企业公司均是新时代的重要组成部分。广大人民群众所熟知的技术型数据企业通常为 IT 公司，此种类型公司重点强调数据处理等板块的升级处理。创新型大数据公司需要引入更多富有想象力和创造力的人才资源，针对一致化的数据信息，其往往具有差异化的见解与想法，并及时探究出各个想法中存在的不同及价值。而数据型大数据公司在实际发展期间，为人们提供多样化资源与社会信息，例如网易、淘宝、新浪及百度等，其与广大人民群众的日常生活产生极大的关联性，而部分零售类连锁企业和金融服务公司等，自身具备大量数据内容，由于其所涉及的数据信息相对较多，所以部分价值信息往往会被抛之脑后。这三种类型大数据公司当中，技术型的大数据公司会在后续发展阶段中促使自身技术朝向多元化方向稳步迈进，进而研发出多样化、丰富性的技术类型，但是无论是哪种数据公司，其未来发展均会越来越好。

1. 数据分析成为大数据技术核心要素

在数据处理领域当中，数据分析是一个不可忽视的关键要素，在新时代进步与发展的背景下，数据分析也会在未来的发展进程中逐渐成为大数据技术的核心部分。大数据的价值效用通常体现在规模化数据整合与智能化处理等方面，并在大批量数据信息当中提取富有价值含义的信息内容。想要从根本上实现此项功能，相关人员需要对所收集到的数据信息展开深层次探究、分析及挖掘，而数据收集、储存和管控往往是数据分析流程中的关键环节，通过利用数据分析一系列程序后所获得的成果，将其合理运用于大数据相关的领域当中。可见，未来大数据的深度发展与数据分析技术息息相关。

2. 实时性的数据处理方式

在广大人民群众的现实生活当中，人们获取数据信息的速度相对较快，为了在根本上满足人民群众的多样化需求，大数据技术处理系统的处理模式也需要及时跟上新时代的发展步伐，实现与时俱进。现如今大数据技术的处理系统通常以大批量处理模式为核心，此种处理方式往往会受到多种外部因素的干扰及影响，而且只可以在数据报告频率不达到分钟级别的场合当中充分发挥出自身的价值效用，然而对于部分要求标准较高的场合来说，此种传统化数据处理模式便无法满足规范标准。从整体视角来看，传统数据仓库系统及链路挖掘技术在实际应用期间对数据处理重点显现出数据的实时性和快捷性，所以对数据处理也应该充分彰显出实时性特点，例如股票交易处理、动态化路况信息及网络个性化推荐等数据处理要求在分钟级别或秒级别场合，其所具备的要求标准相对较高。在部分大数据的应用场景当中，人民群众需要在第一时间针对所获取的信息数据加以处理，并采用科学有效的措施方法展开适当化摒弃与整合，否则会导致数据系统内部储备空间逐渐减小。在后续的发展进程中，实时性数据处理模式将会成为新时代的必然趋势，进而带动大数据技术的进步及发展。

3. 云计算数据分析平台更加完善

如今，云计算技术取得了前所未有的发展与进步，其所涉及的应用领域也愈加广阔。云计算的快速发展为大数据技术的未来发展带来了更多技术方面的支持，并在数据处理平台方面提供了一定的有力保障。云计算为大数据技术发展带来的贡献主要体现在分布式计算方法，其在实际应用期间可以结合实际情况展开弹性化拓宽与扩展，并对原有储存空间及计算资源加以丰富，这些也是大数据在未来发展阶段中不容小觑的核心部分。另外，云计算含有丰富化、多样化的 IT 资源，呈现出分布广泛等基本特点，这也为大数据技术的后续发展提供了一定的技术支持。在云计算技术趋向于完善和成熟方向稳步迈进的时代背景下，各类云计算发展平台也实现进一步优化及完善，大数据技术也会在此情况下获得有效提升，进而大幅度提高数据信息的处理水平及效率。

4. 开源软件进一步发展

开源软件是在大数据技术发展进程中深度研发所形成的，不同类型的开源软件对于各个产业领域的稳定发展及人民群众的日常生活产生不可忽视的价值作用。可以看出，开源软件的未来发展可以在根本上推动我国商业软件的设计与研发，并在此基础上逐渐形成时代发展的动力源泉，进而为应用程序开发等多个领域提供优质化服务。即便现在我国所拥有的商业化软件发展速度相对较快，但是其与开源软件的整体发展并不会产生矛盾，进而呈现出相辅相成的有效联系，完全达成优势互补的基本目标，实现共同进步、共同发展。由此可见，开源软件在后续发展进程中可以为大数据技术的深度创新与进步提供更多的保障力量。

二、大数据虚拟仿真实验平台系统需求分析

大数据实验平台应该为学生的实验提供自动化安装部署和方便的搭建等功能，且在给学生提供方便的实验环境、对系统资源占用情况的监控以及多用户在使用平台时的自治调度等方面，对平台有一定的要求。

（一）大数据实验

大数据管理实验平台需要为学生提供能支持大数据实验的集群环境。根据大数据实验对虚拟机配置的要求，将大数据实验分为计算密级型与内存密级型的实验。

当用户需要执行计算密集型任务时，需要在集群中进行大量的计算，消耗 CPU 资源，比如使用了数据挖掘、矩阵运算，从海量数据中进行数据分析等功能，需要集群中的虚拟机 CPU 具有较好的运算能力。在学生用户需要进行计算密集型任务时，平台需要为用户分配充足的 CPU 资源，并在实验过程中，检测出需用虚拟机计算资源不足时，能自动进行扩充。

当用户需要执行内存密集型任务时，如对内存数据库 Mongo DB、Redis 等的使用，对数据的快速读写使系统的内存占用较多，占用 CPU 的资源也较大。内存密集型任务对运行环境的内存有较高要求，内存不足时将会引起大量磁盘 IO，使系统的性能降低。因此平台需要为进行内存密集型任务的虚拟机提供更大的内存，同时在实验过程中，虚拟机出现内存不足时，能及时对目标虚拟机的内存资源进行扩充。

在实际的实验环境中，多个学生用户在进行同一个实验时，往往会出现对同一类型的资源需求，或由于学生用户的实验进度不一，产生两种类型的需求时，更容易产生资源的争抢，导致系统的负载不均衡。因此在为用户实验分配了合适的资源后，平台需要有合理的资源调度策略，在学生用户对同种或多种资源产生需求时，能掌控学生用户的资源占用情况，及时地进行资源的调整，保证平台的稳定。

（二）大数据实验平台资源管理系统需求

1. 用户实验集群管理

教师用户创建的实验集群提供给学生用户进行大数据实验，根据实验要求的不同，创建集群中的虚拟机配置则不同。在进行内存密集型的实验时，需要为提供给学生用户的集群分配更多的内存，在进行计算密集型的实验时，需要为学生用户的集群分配更多的 CPU。在学生进行实验的过程中，实时掌控用户的资源使用情况，当学生出现资源不足的情况时，能及时地给学生用户的资源进行动态扩充。学生用户完成实验后，能将实验的环境进行保存，下次进行实验时，能使用之前保存的环境。

2. 虚拟机初始放置

在实际的实验场景中，学生用户需要进行分布式的大数据实验时，需要保证集群中虚拟机的分布式环境，在虚拟机的创建阶段，需要根据学生用户的需求，进行合理的虚拟机放置。学生在进行不要求分布式环境的实验时，平台应该尽量保证各物理主机资源的使用率，在物理主机正常的工作负载内，将创建的虚拟机进行放置，关闭空闲的物理主机，节省能源。

3. 系统资源监控与资源预警

在实际教学场景下，虚拟机级的资源监控已经不能满足需求，需要平台达到用户级的资源监控，对用户持有的 CPU、内存、磁盘资源进行监控，在数据的统计与展示方面，也要求平台提供丰富的数据监控项与界面，便于后台管理员实时掌控用户对系统资源的占用情况。复杂的大数据实验环境，容易导致物理节点或虚拟机在使用过程中出现资源紧张，从而影响平台的性能以及学生实验的开展。因此要求平台具有资源预警的功能，能检测系统出现资源紧张的节点，将现场环境（虚拟机、物理主机、用户、时间等信息）进行保存，为产生警报的原因设定预警等级，当系统中出现多处警报时，能根据预警等级的排序，顺序进行资源的调度。

4. 系统资源调度

为了提升系统资源的使用率，保证系统的最佳性能，在检测出系统资源预警时，要求平台能及时解决，保证系统负载均衡。在使用传统的大数据平台时，用户不易察觉出资源紧张的情况，也不能通过手动的资源调控达到最好的调节效果，因此要求平台实现自动的资源调度，根据当前的资源分布情况选取最合适的资源调度策略，实现后台自动的资源调度，当物理主机资源富余时，直接对学生用户持有的虚拟机进行扩容，当物理主机资源紧张时，能对空闲虚拟机的资源进行回收，将回收的资源分配给资源紧张的虚拟机使用。当物理主机工作负载达到上限阈值时，能进行虚拟机的迁移，降低负载过高物理主机的工作负载，保证整个系统的负载均衡。

三、大数据虚拟仿真实验平台组成分析

（一）云平台介绍

硬件服务器为云平台软件提供了运行的环境，借助于虚拟化技术，能够对分布的服务器进行虚拟模拟，构建出模拟的存储资源池以及计算资源池。资源池能够提供更多的虚拟计算机，借助于云平台软件能够对这些虚拟计算进行统一管理，进而将数据资源利用率提升。

（二）云平台架构

1. 虚拟机

（1）发放

在发放虚拟机时，可以发放裸虚拟机，然后对其进行完整复制，最后将虚拟机链接克隆出来即可。平台具备单个虚拟机发放以及多个虚拟机发放的功能。能够通过批量创建而获得的虚拟机主要包括了用户盘以及系统盘两种。

（2）管理

在管理模块中，能够全面地对虚拟机进行管理，主要包括了启动/唤醒、关闭、重启、删除、休眠、分配等基础功能，以及强制重启与关闭、用户追加与删除、安全删除、调整虚拟机、虚拟机链接克隆等高级操作。在进行虚拟机构建过程中，能够采用指定 IP 虚拟机建设的方案，也可以在获取虚拟机的同时兼容 DHCP。其次，在虚拟机的功能中，包含了业务类型的选择与描述。在链接克隆虚拟过程中可以借助于一键式还原对其进行还原，使得虚拟机系统被强制恢复到起始的状态。此外，通过安全删除功能能够实现删除虚拟机的目的，不过此时磁盘空间并不可以马上得到应用，需要通过后台清理功能对磁盘空间格式化处理，在进行完磁盘空间格式化后磁盘存储空间得到释放。

（3）机组管理

对于各虚拟机的管理主要以虚拟机组划分的形式实行科学管理。这部分功能主要为虚拟机组提供多项服务，主要有创建、删除、编辑、添加、更新等各项服务内容。

（4）模板与镜像

云平台的一项功能是提供虚拟机模板服务，主要包括创建、删除、修改、查看等几项主要功能。此外，虚拟机模板参数的组成结构主要有内存、CPU、系统磁盘、虚拟机、QoS 镜像、服务等各项内容。

2. 资源管理

在云平台中采用统一资源管理的形式实现管理，这种管理方式主要对管辖范围机架、存储设备、服务器以及交换机等物理设备进行组网。支持通过池化管理进行管理物理设备，为应用管理提供管理功能。在基础设施虚拟化中主要以手工导入的形式对与之关联的物理设备进行导入，进一步管理服务器、交换机、存储设备等。在池化管理过程中，能够确保上层业务系统稳定地运行，进而对物理设备进行差异化特征屏蔽。通过虚拟化资源管理的形式能够对不同虚拟资源进行统一管理，主要管理目标是虚拟网络资源、虚拟机资源以及虚拟存储资源等。借助资源池开展管理工作，能够将基础设施资源的作用更好地发挥出来，为其提供更为高效的虚拟化管理能力，进而为上层应用提供稳定的屏蔽能力。进行虚拟资源集中管理能够极大地将管理效率提升，将平台的运维成本降低。此外，借助于插件机制能够使得虚拟化系统与硬件设备得到有效对接，从而优化云平台性能。

（1）物理资源管理

在资源管理功能中，系统可以将服务器配置信息收集，然后通过分析信息对服务器进行动态的监控。主要的监控内容有 CPU 占用率、网络流出与流入、内存占用率、磁盘 IO 写入与读出等，根据使用者的需求可以自定义设计监控时段。在服务器设备管理中主要包含了上下电、安全重启与下电、维护模式的进出等。通过相应的网络设备管理可以将交换机配置信息收集，在屏幕上可以将交换机端口状态信息显示出来，状态信息主要有连接装填、接收速率、发送状态、发送、信息错误率等。此外，平台能够管理本系统网络模式，并对本系统网络配置进行集中调度。存储设备管理的主要功能是发现存储设备，然后对存储设备信息进行检查，主要有存储设备位置、管理 IP 地址、产品型号、磁盘数量状态等。同时能够对存储设备容量进行查询，为使用者提供存储服务。

（2）虚拟资源管理

在平台的功能中包含了虚拟化资源管理，这项功能能够对网络虚拟化、计算虚拟化、存储虚拟化开展实时监控管理。平台功能还包含了虚拟机生命周期管理，操作者可以管理软件创建、销毁虚拟机，而在虚拟机管理中，启动、重启、修复、关闭、快照、迁移、调整、监控等是主要的内容。在虚拟化网络管理中，主要目的是对虚拟交换机子网系统进行管理。通常情况下，虚拟网络对于 PortGroup 与 DVS 形成对应的关系。此外，在分布式虚拟交换机中，操作人员能够通过应用系统管理多台主机链路与端口。在 VLAN、子网、VxLAN 管理中应用效果明显。而且能够设置端口组、上限带宽、DHCP 隔离以及优先级等内容。在虚拟化存储管理中，能够实现 FCSAN、NAS、IPSAN 等资源的高效管理，并将相关数据存储有序地发送至资源集群供相关系统使用。系统能够不断为存储资源提供相应的数据，而且也可以删除数据，对于已有数据能够开展存储扩容处理，可以为多级存储提供稳定环境。

3. 监控管理

在云平台中，监控管理功能主要是监控计算集群、虚拟机、存储、计算服务器、交换机等。监控信息主要涵盖了 CPU 平均占用率、虚拟机 CPU 分配、存储平均占用率、存储资源分配、内存平均占用率、故障服务器数量、虚拟内存分配等。虚拟机监控主要涵盖了虚拟机 CPU 占用率、磁盘读写次数、内存占用率、网络流入流出等信息。在网络交换机监控中，主要是对信息流入流出、端口数据流量以及信息状态等进行集中的监控。在存储监控内容中，主要涉及了已分配容量、总容量、实际可用容量这些内容的监控。

4. 报警管理

在云平台的功能组成中，报警管理十分重要，该项功能主要是通过报警管理系统为平台提供故障监控警报，如果平台的服务器、交换机、存储等硬件系统以及虚拟机和虚拟化平台等软件系统出现故障，那么报警系统则在监控到异常信息后给出警告，并将异常信息发送给控制中心。

（1）故障预防

在进行系统设计时，需要将设备部件故障处理功能考虑在内，进而使得这些故障无法对系统正常运行产生不良的影响，确保相关业务能够正常开展下去，这可以将故障危害大大降低。在这部分功能设计中，主要涵盖了系统数据自动备份功能以及用户数据备份功能。此外，虚拟机快照、HA、迁移、存储等功能也是其中的部分功能。在进行故障处理过程中，系统能够自动隔离故障服务器，这样能够有效地防止业务消息进入到易发生故障的服务器中，对业务办理造成影响。

（2）故障处理

在平台系统接收到相关故障后，系统能够自动识别并分析这些故障信息，然后将故障信息发送给控制中心，并做出报警处理。报警管理的主要对象是虚拟机以及硬件设备。而对于告警级别则可以根据使用者需求进行设计，不过多以四级报警为主，而且不同程度的报警所采取的形式也不同，主要以不同报警声光对各类问题进行通知，用户可以在云系统中对报警进行设置，然后平台能够在接收到声音、颜色后做出具体的反应，这样维护人员就能够知道相关问题。

5. 拓扑管理

借助于拓扑管理能够给用户创造可视化界面，用户能够在界面中获取全系统信息资源，此时管理员无需进行手动处理。拓扑图主要由三个层次组成：集群视图、物理资源视图、应用视图。用户借助于拓扑视图能够对物理硬件资源进行查看，之后则能够将虚拟机资源视图应用，与此同时也能够了解虚拟逻辑视图。用户能够轻松地将硬件资源、虚拟机属性以及应用部署情况等信息获取。拓扑节点通常都是连接在告警中心中，能够将对象状态实时地呈现出来，进而为管理人员提供管理依据，及时调整系统，使得系统性能维持在较高水平。

6. 日志管理

在系统日志管理功能中，主要涵盖了日志记录、审计以及查看等功能。系统可为用户提供日志访问、操作、运行、黑匣子等各项附加功能。用户在进行日志访问时实质上是对虚拟桌面日志进行访问。这项操作涵盖了虚拟机登录、重启、关闭等各项基础功能。操作日志的作用是为管理员访问平台提供基本的依据，这项工程也称作是管理员日志，系统可以将管理员的操作，如登录、修改等记录下来，并将操作时间与内容储存。操作日志内容则主要涵盖了用户操作、用户 IP、操作类型、操作时间、详细信息、操作结果等多项操作内容。运行日志的主要作用是将各业务节点情况详细地记录下来。系统还具有运行日志加密作用，可以全面为日志安全运行提供保障。此外，黑匣子日志的主要作用是定位系统故障，帮助维护人员查明故障成因。

7. 平台监控

在系统功能中，平台监控能够对系统运行状态以及集群负载托管内容进行动态的监控，这对于系统对硬件故障进行自动检测并自动恢复相应功能起到了关键作用。关键状态监控主要涵盖了 CPU 占用率以及内存占用率两项基本的功能。在监控过程中，能够对分发任务数、待执行任务数以及完成任务数进行记录，然后将数据副本数整理出来。系统还能够对工作节点数进行监控，对系统数据磁盘占用量进行记录，如果在监控过程中出现异常状态，则可以将检测的数据发送，此时系统在启动时则能够自动将硬件状态调整到正常运行水平。

第二节　大数据试验平台超融合架构

大数据虚拟仿真实验平台架构采用超融合基础架构（HCI），实现在同一套单元设备中不仅具备计算、网络、存储和服务器虚拟化等资源和技术，还包括备份软件、快照技术、重复数据删除、在线数据压缩等元素。而多套单元设备可以通过网络聚合起来，实现模块化的无缝横向扩展，形成统一资源池。随着高校生源规模扩大和自身业务增长，可实现"积木堆叠式"弹性扩容，按需升级。

一、大数据管理实验平台部署

大数据管理实验平台基于 OpenStack 虚拟机云平台，通过控制节点、计算节点、网络节点、存储节点构建集群。大数据管理实验平台节点部署如图 2-1 所示。

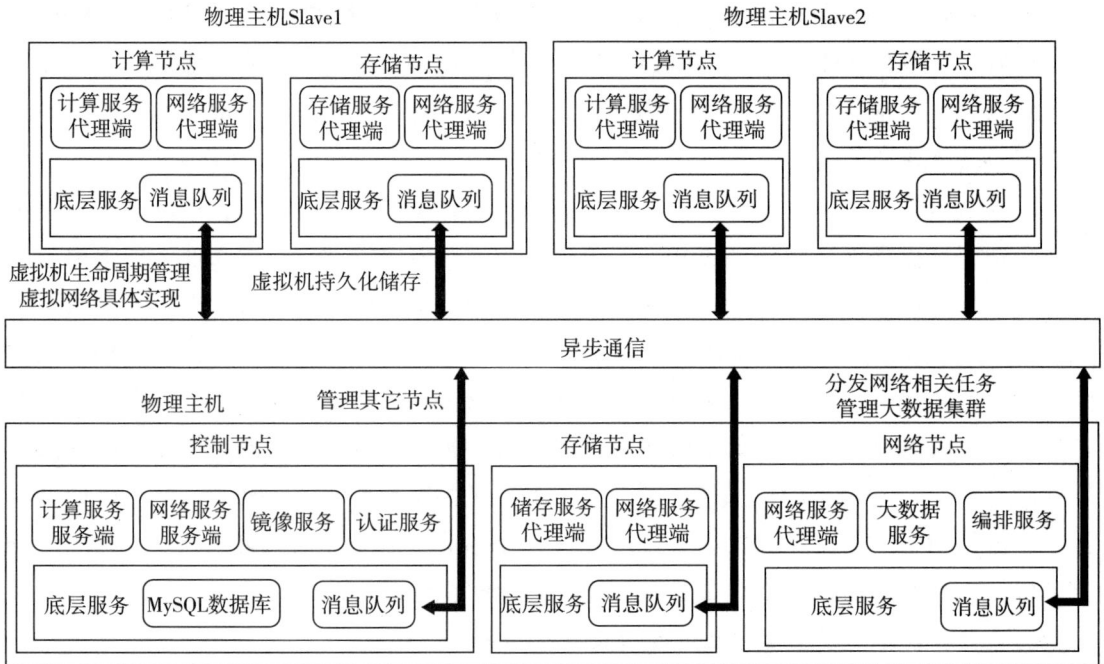

图 2-1　大数据管理实验平台节点部署示意图

平台上各类服务的服务端分别处理不同类型资源请求与分发任务，代理端处理具体任务。控制节点中部署了计算服务服务端、网络服务服务端、镜像服务与认证服务，提供了计算服务、虚拟机镜像管理服务、身份认证服务，实现了网络控制、虚拟机调度管理、存储卷管理、身份管理和镜像管理等功能。计算节点中部署了计算服务的代理端、网络服务的代理端，负责虚拟机的管理、计算资源的管理。存储节点中部署了存储服务代理端、网络服务的代理端，负责提供存储服务。网络节点中部署了网络服务代理端、大数据服务和编排服务，负责网络任务的分发、协助大数据集群的管理。

为了加强对平台的管理，管理者使用控制节点作为控制中心，获取各个物理节点的监控信息进行存储，对各个物理节点、虚拟机产生的资源预警信息进行存储管理，并以此节点上的 MySQL 数据库建立共享数据库。

二、大数据管理实验平台资源管理系统架构

大数据管理实验平台资源管理系统架构如图 2-2 所示。平台的架构分为四层，从底向上依次为虚拟化层、资源监控层、资源调度层和应用层。虚拟化层由多台 Linux 系统服务器与数据库 MySQL、文件存储系统组成，其上用 OpenStack 进行了一层封装，为用户提供虚拟化的资源。资源监控层实现了平台上所有物理节点、虚拟机的资源监控以及学生用户监控，学生用户监控实现了对学生用户的资源监控与行为监控。资源调度层对监控层中的监控信息进行处理，触发资源警报，从而响应资源警报机制，底层则根据资源分布情况，进行相应的调度。应用层负责主要业务逻辑处理，从面向用户、面向平台资源管理两个方面展开。

为了满足大数据实验云平台中教学管理、实验集群管理、监控的需求，大数据管理实验平台以完整的实验过程为主线对平台各功能模块进行设计。

首先在大数据实验准备时，教师用户需要为学生实验创建实验环境，以上的实验，往往需要为学生实验创建集群环境。因此用户在平台上获取资源的最直接的方式便是创建虚拟机，然后对其做出相应的进程配置。因此大数据实验平台借助 OpenStack 的虚拟化功能，为学生用户提供了访问计算虚拟化、内存虚拟化、网络虚拟化、存储虚拟化等资源和服务的入口。平台将应用层和监控层集成入 OpenStack 的 Horizon 项目中，基于 OpenStack 提供教学管理服务、实验集群管理服务和更细粒度的监控服务。

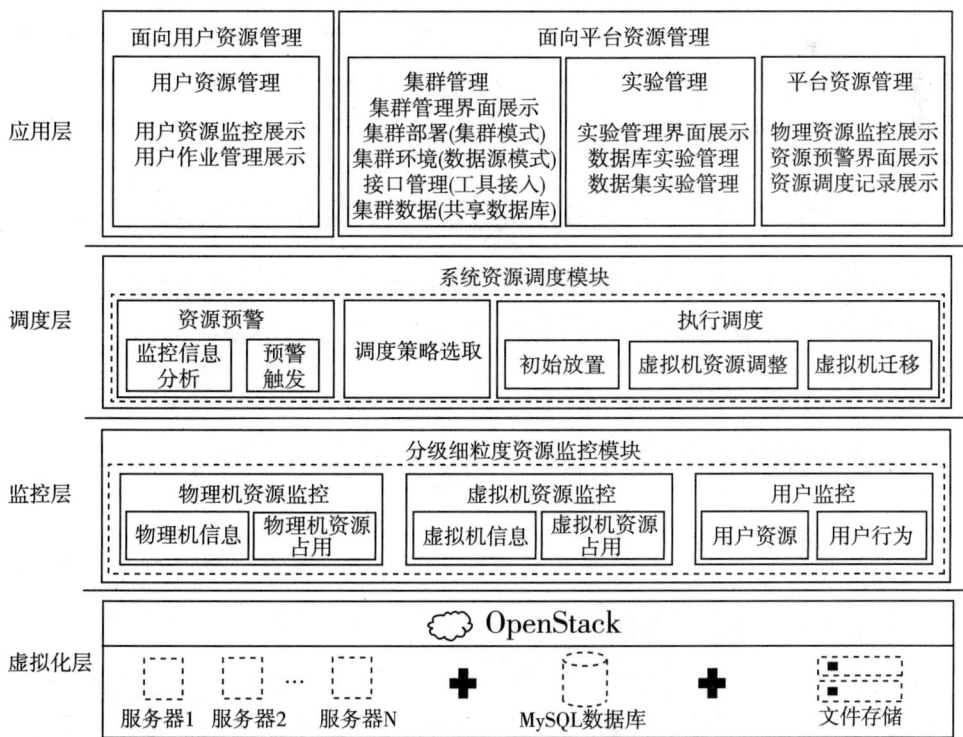

图 2-2 大数据管理实验平台架构图

教师在学生做实验的过程中，需要对学生用户资源以及平台资源进行管理。用户资源管理模块主要是为教师用户提供相应的界面及操作手段，方便教师用户掌握学生资源占用以及实验的完成情况，集群管理模块是为学生用户提供便捷实验环境，实验管理模块主要用于学生进行大数据实验，平台资源管理模块监控了各个物理节点的资源占用情况，学生用户持有的虚拟机资源使用情况，对出现的资源预警以及资源调度情况进行相应的记录，将结果展示给教师用户。

学生在进行实验的过程中，往往会出现对若干种系统资源请求的情况，如都在做数据分析实验，那么对内存、计算资源表现出需求的同一性，因此在资源调度层包含资源预警、调度策略选取与调度执行三个部分，通过对监控层信息的处理，检测出现资源预警的时机，并进行及时定位，针对不同的场景选取最为合适的调度策略，进行相应的处理，从而恢复系统的负载均衡。

为了支撑资源调度层的预警、调度，资源监控层分为物理机资源监控、虚拟机资源监控和用户行为监控三部分，为资源调度层的调度提供必要的基础数据。物理机资源监控是对所有物理主机进行资源监控，检测物理主机的工作负载，当工作负载不在设置的阈值范围内时，触发资源预警，将虚拟物理主机资源占用信息记录到示警文件中。虚拟机资源监控是对学生用户持有的所有虚拟机进行资源监控，检测各维度的资源利用率，当资源利用率超过阈值时，触发资源预警，将虚拟机以及资源信息记录到示警文件中。用户行为监控是对学生用户在持有虚拟机上的操作进行监控，通过日志文件保存用户行为记录。资源调度层通过分析记录示警文件，选择合适的策略对系统进行资源调度，使得系统的负载达到均衡，保证系统的资源得到有效利用。

第三节　大数据试验平台虚拟化实现

实验平台虚拟化可以采用 Docker 技术和 KVM 技术，Docker 技术是基于容器的虚拟化技术，严格意义上并不算作虚拟化技术，只是进程隔离和资源限制，它具有轻量级、快速就绪、弱安全等特点。

一、大数据虚拟仿真实验平台的系统设计

（一）集群管理模块设计

1. 实验集群部署设计

学生用户在进行实验时，需要由教师用户预估实验资源的需求，为学生用户分配资源，创建好集群环境。为保证系统资源的管理与使用性能，应选取合适的集群模式（临时性集群、持久性集群）。临时性集群，即当用户任务完成后会自动销毁集群，而持久性集群则是在任务完成后继续运行。两种模式在特定需求下，有各自的作用，为用户提供

两种模式，用户根据自身需求判断选择进行创建。

集群部署时，默认进行持久性的集群创建，教师用户创建集群的步骤为：第一，虚拟机镜像获取；第二，根据实验需求在节点组模板中选取相应组件；第三，确定节点组模板中各节点数量；第四，检查系统各服务状态；第五，进行集群的部署。在节点组模板中，可以根据实验环境的需求，选择在集群中创建的服务，进行组件的定制。

对创建集群模式的选择是在进行节点组模板定制时，将集群模式的选取加入集群模块中，对集群进行标记，进行部署集群时，根据集群模板的选取，创建临时性集群或永久性集群。

2. 数据源使用

学生用户在进行大数据实验时，由教师用户准备好实验所需的数据，针对不同结构的数据，创建相应的数据源，导入到学生集群中。当使用数据库中的数据作为数据源时，由教师用户选取控制节点中的指定数据库作为共享数据库，创建数据传输的接口，教师用户进行一次数据处理，将实验所需的数据导入进共享数据库，在创建虚拟机时，通过元数据的注入，进行数据源的使用，将共享数据导入学生用户集群中虚拟机对应类型的数据库中。当使用文件作为数据源时，教师用户在集群创建过程中，直接将文件导入虚拟机中，由学生用户根据实验需求进行数据的提取与使用。

3. 实验工具接入

集群中接入实验相关的工具，通过创建一个新的接口引入，将工具文件传输到相应虚拟机上，并通过脚本文件，获取系统信息后，进行工具的自动化配置，便于学生进行相关实验。为了加强对平台的资源管理，设计创建文件、工具传输的接口提供给用户使用，后台采用 scp 传输方式实现，对传输双方的信息进行隐藏，通过一个接口便可以获取所需的资源。

（二）虚拟机初始放置设计

学生用户进行实验时，首先由教师用户需要按照实验的需求，选取适合的集群模板，进行实验集群的创建。在集群的创建过程中，会根据集群模板中设定的节点个数，创建对应的虚拟机，根据底层的虚拟机初始放置算法，将虚拟机放置到对应的物理主机上。

实际的实验环境中，根据学生实验的需求，存在两种虚拟机放置的方式。第一种是当学生需要使用单机的集群时，设计从多个资源维度（CPU、内存、磁盘）出发，在虚拟机资源需求量低于物理机剩余资源量时，为虚拟机提供相应的宿主机，从而提高系统资源的使用率，同时降低系统能耗。第二种是当学生需要使用分布式集群时，则需要在保证虚拟机在物理机上的分布达到分布式的同时，再考虑系统资源的使用率的提升。

OpenStack 云平台默认的初始放置算法是根据剩余可用内存大小进行权重计算，从而确定目标主机，进行虚拟机的创建。这种算法实现简单，复杂度低，总是选取剩余内存多的物理主机作为宿主机，会导致整体上的内存利用率较低，不适用于实际教学模式下，多学生用户使用平台的场景。本系统使用的虚拟机初始放置算法将从 CPU、内存、磁盘三个资源维度出发，计算物理主机在容纳虚拟机后的剩余资源均衡度，作为衡量物理节点容纳虚拟机的指标。

（三）分级细粒度资源监控模块设计

平台对系统资源进行监控，主要分为：物理机资源监控子模块、虚拟机资源监控子模块、用户监控子模块。通过对平台上各物理主机、学生用户持有的虚拟机、学生用户三个方面的资源监控，细化系统资源监控的粒度。

实验平台的资源监控模块结构如图 2-3 所示，对各物理节点进行资源监控，通过各物理节点上资源监控脚本文件，收集监控数据，最终发送给控制节点，由控制节点对所有的监控信息进行分类并存储。虚拟机信息收集器用于各节点上的虚拟机资源信息的收集与处理，检测到虚拟机产生资源预警时，对预警信息进行存储。用户行为收集器用于收集学生用户在虚拟机上的实验操作记录，通过日志文件进行保存。平台监控数据会在前端页面上展示用户身份权限范围内的监控数据。

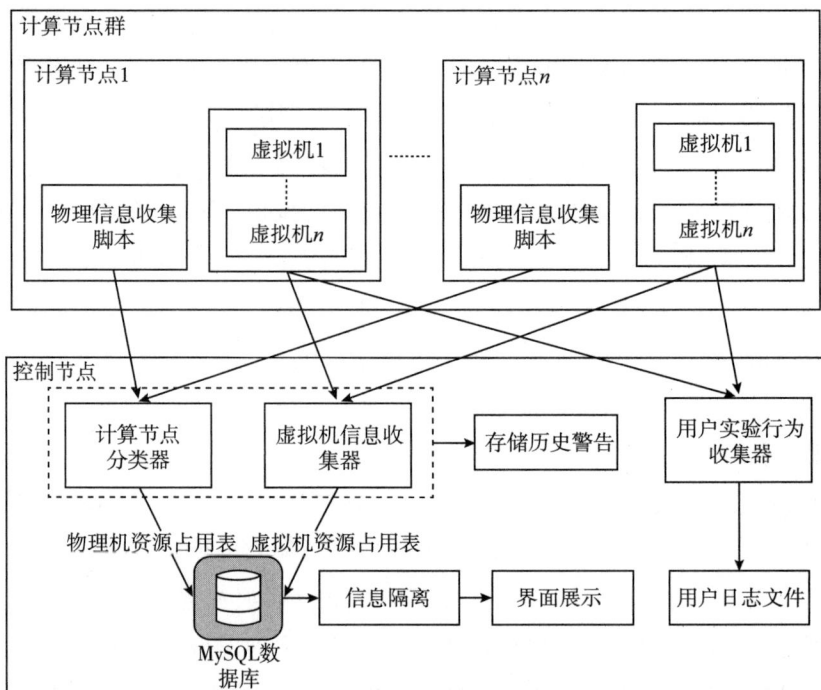

图 2-3　资源监控模块结构图

为了加强对平台的资源的监控效率，在进行资源信息的获取时，减少不必要信息的收集，分别在每个节点上设置资源监控脚本，从而减少控制节点的工作压力。下面分别就资源监控模块中的各子模块进行设计。

1.物理机资源监控子模块

物理机资源监控子模块主要是对各物理主机各维度资源进行监控，主要监控物理机的 CPU、内存、磁盘总量与剩余量，通过计算得到各维度资源的利用率，通过监控这些数据来实时掌握各物理主机资源的使用情况。

对物理节点的资源监控，需要在各个节点中创建资源收集的脚本，在脚本文件中，设计函数获取各维度资源（CPU、内存、磁盘）的使用情况，并计算得到资源的利用率。生态资源数据监控的服务，服务启动时开始进行监控。平台将控制节点作为资源调度的中心，负责收集各个物理节点的资源占用数据，每10s进行一次数据的收集，通过控制节点与各个计算节点之间的通讯，进行数据的传递。各计算节点的监控服务将查询得到的信息传入控制节点，存入控制节点的 MONITOR-PHYSICAL 数据表中。在进行监控数据的存储时，会对这些数据进行处理，计算物理节点在一段时间内的平均负载，当平均负载超过设置的阈值时，产生预警警报提示，并将资源紧张信息存入历史示警文件中。物理资源监控信息只有拥有管理员权限的用户才能查看。

2. 虚拟机资源监控子模块

虚拟机资源监控子模块主要是对虚拟机的状态与虚拟机性能进行监控。虚拟机状态反映了虚拟机的运行情况，虚拟机性能监控主要监控 CPU、内存、磁盘总量与剩余量，通过计算得到各维度资源的利用率，每10s进行一次数据的收集。

对于虚拟机资源监控，使用虚拟机资源信息收集器轮询分配给学生用户的虚拟机，依次进行查询，获取监控数据。首先获取目标虚拟机信息，向资源信息收集器传递目标虚拟机信息列表，然后通过资源信息收集器获取目标虚拟机资源使用情况，对虚拟机的信息进行分类与过滤，将资源占用超过阈值的虚拟机信息储存到资源预警表中。

3. 用户监控子模块

用户监控子模块包括了用户资源监控与用户行为监控。用户资源的监控是对学生用户占有的所有资源进行统一监控，用户行为监控是对学生用户实时的操作进行记录，分别对虚拟机中的不同用户操作进行存储。

对用户的资源监控，是为了实现更细粒度的监控，通过对用户持有的虚拟机资源的监控，得到学生用户在平台上所有资源的占用信息，掌控每个学生在平台上对资源的使用情况，便于对平台资源的管理。对用户行为的监控，获取学生用户在平台上的操作记录，首先查询分配给学生的所有虚拟机信息 INSTNCE 表，将处于"active"状态的虚拟机加入待查询队列。依次取出队列中的所有虚拟机，查询虚拟机中每个系统用户的操作行为，将查询的记录以日志文件的形式存储，在控制节点进行统一管理。

（四）系统资源调度模块设计

系统资源调度模块是通过对监控模块的信息处理，产生系统警报，从而触发系统资源调度，进行后台的自动调度。系统资源调度从两个方面展开：物理资源调整与虚拟机迁移。物理机资源调整主要针对资源预警情况下，物理节点资源充足时，优先考虑进行虚拟机资源的调整，从而使节点负载均衡。虚拟机迁移则是针对资源预警情况下，物理节点资源不足或过剩时，通过基于权值的双阈值虚拟机迁移策略，选取合适的目标节点，对相应虚拟机进行迁移，最终实现系统的负载均衡。

1. 系统资源预警

资源预警是通过对监控模块监控的系统资源数据进行分析，从而触发警报。考虑系统的最低消耗，当系统出现资源预警时，首先考虑以宿主节点资源（CPU、内存、磁盘）为调度对象的调度策略，对监控模块数据进行分析。监控模块对虚拟机每隔10s进行一次数据采集，采集完数据后，对此数据进行一次检测。当虚拟机某项维度资源使用率持续超过85%时，则触发资源警报，定位此虚拟机为目标虚拟机，同时检测目标虚拟机所在的物理节点资源占用情况。在资源调度的设计中，通过双阈值来界定资源调度的方式，平台可通过管理员设置双阈值，当物理主机的工作负载在阈值上限（不低于60%）与阈值下限（不高于60%）的范围内时，则直接对虚拟机的资源进行调整。当物理主机的工作负载超过双阈值时，则执行虚拟机迁移。

按照物理主机与虚拟机各维度的资源利用率及工作负载，将资源预警级别设定为五个等级，第一级：虚拟机CPU占用率 > 85%；第二级：虚拟机内存占用率 > 85%；第三极：虚拟机磁盘占用率 > 85%；第四级：物理主机平均负载 > 80%；第五级：物理主机平均负载 < 30%。

2. 虚拟机资源调整策略

设计为了尽可能降低系统能耗，当系统出现资源不足时，应首先考虑系统资源再分配，充分利用单节点资源的同时，保证用户体验。本课题设计，在用户进行大数据实验过程中，出现资源不足从而导致资源预警时，应选取合适的调度策略对物理节点上的虚拟机资源进行调整。

3. 资源预警下基于权值的双阈值虚拟机迁移策略设计

虚拟机迁移策略需要按虚拟机迁移触发、待迁移虚拟机选取与目标物理主机选取的流程考虑，细化每一步执行策略。基于权值的双阈值虚拟机迁移策略综合考虑了各维度资源的使用情况，对其进行加权求和，计算各物理主机的平均负载。当检测到物理主机不在设定的阈值范围内时，触发系统资源预警。

（1）虚拟机迁移触发策略

虚拟机迁移的触发点是通过对监控模块收集的系统资源信息进行计算，计算出物理主机工作负载，辅助虚拟机迁移执行的判断。当物理主机负载较高时，会影响学生用户在平台上进行实验，需要将此节点上部分虚拟机迁出来降低负载；当物理主机负载较低时，节点上的资源利用率较低，需要将此节点上所有虚拟机迁出，并关闭节点，减少平台的能耗。因此，平台采用了基于权值的双阈值虚拟机迁移策略，可通过管理员用户在前端页面上设置触发迁移的双阈值，来控制虚拟机执行迁移的时机。同时针对CPU、内存和硬盘三种资源进行算法的设计，为了避免负载瞬时的抖动超过阈值，而造成的虚拟机迁移请求，在负载第一次超过阈值时，不会立刻做出资源迁移，当产生虚拟机资源预警时，不能直接对虚拟机资源进行扩充，需要将处于空闲状态的虚拟机进行暂时的资源回收，将资源分配给资源紧张的虚拟机使用；当物理主机的工作负载大于设置的阈值上限时，物理主机处于过载状态，需要执行虚拟机迁移。

（2）待迁移虚拟机选取策略

选取待迁移虚拟机时，需要考虑执行迁移的过程中对用户持有虚拟机产生最小的影响。学生用户在虚拟机上执行任务受 CPU 的影响，CPU 使用率过高会使宿主节点工作负载较高，应对各虚拟机的 CPU 使用率进行排序，选取使用率较大的虚拟机执行迁移，从而有效降低宿主节点的工作负载。对虚拟机进行迁移时，需要将虚拟机中存储的数据进行转移，当虚拟机中空闲的内存资源较多时，会减少虚拟机执行的时间，虚拟机内存使用率越高，迁移的时间越长，应选取内存使用率小的虚拟机进行迁移。

（3）目标物理主机选取策略

通过计算，预测待迁移虚拟机迁移至各个物理节点上时，各个物理节点的平均负载情况，综合考虑各维度资源（CPU、内存、磁盘）在物理节点上的使用情况，在控制节点中通过对各物理节点的资源监控数据分析，选取平均负载最低的物理节点作为目标物理主机。

二、大数据试验平台系统实现

（一）实验集群管理模块实现

1. 实验集群部署实现

在实际的实验场景下，针对不同的实验任务，需要由教师用户分配好资源，创建不同类型的实验集群提供给学生使用。后台为教师用户提供两种集群创建模式的选择，一般情况下的持久性集群创建保持不变，在创建集群后，在相应的物理节点上产生对应的虚拟机文件。而用户选择临时性的集群时，当用户处理完任务之后，则后台自动删除集群。教师用户创建集群的实现步骤。

（1）虚拟机镜像的注册

上传镜像，获取镜像的用户名和标签，将镜像激活。

（2）创建节点组模板

通过获取云主机类型的模板 ID 确定虚拟机类型，然后在浮动 IP 池生成集群访问外网的浮动 IP，为集群创建节点组模板的 json 文件，在此文件中指定要在集群中部署的组件及服务。

（3）创建集群模板，集群模板包含了节点组模板与节点个数的信息

创建集群模板 json 文件，获取节点组的模板 ID，对应用户设定各个节点的个数。

（4）部署集群

获取集群模板的 ID，获取集群网络 ID，为集群添加安全组。在执行集群的部署时，首先会根据模板中节点个数信息，确定创建虚拟机的数量，然后进行虚拟机的初始化放

置，选取好宿主节点后，在各个宿主节点上创建虚拟机，接着进行虚拟机环境的搭建，通过节点组模板中选取的服务组件，在对应的虚拟机中创建相应的服务，进行环境的部署。

在创建集群模板时，添加选取集群模式的板块，提供是否创建临时性集群模式选项，供用户选取，默认创建持久性集群。在集群部署阶段，在后台创建集群的函数中，对选取临时性集群模式的集群进行存活时间的限定，当虚拟机到达生命存活的周期，进行虚拟机资源的释放；而选取永久性集群模式的集群中的虚拟机，为其创建文件以文件的形式保留在对应的宿主节点上。

2. 数据源使用与集中数据管理

选择一个物理节点的 MySQL 数据库作为共享数据库，后台建立用户虚拟机数据库与共享数据库之间的连接，为用户提供可访问公共数据库的接口，用于大数据实验时，共享数据的获取。

数据源使用是在创建集群的虚拟机创建阶段，将教师用户准备好的共享数据导入虚拟机的数据库中，教师用户指定获取数据的接口，在教师用户进行集群创建的过程中，选择目标数据，指定目标虚拟机的数据库，通过元数据的注入，将教师提供的数据源导入到集群中。元数据的注入是对共享数据的处理，通过密钥远程连接目标虚拟机，以脚本文件的形式，连接目标虚拟机的本地数据库，并进行数据的处理。

数据库数据使用，教师用户在前端页面上获取数据库中的数据库列表，选择提供给学生用户的数据库，创建集群时，通过元数据的处理，根据数据库的表结构，在集群中创建相同结构的数据库，并将数据导入集群的虚拟机中。文件数据使用，则是直接将文件导入进虚拟机中，为学生用户提供存储位置，由学生用户自行对数据进行处理。

3. 实验工具的接入

为用户提供一个接口，用于文件的传输，用户可以获取相应的实验工具，并可选择为用户提供自动化安装的脚本文件，脚本文件中获取用户虚拟机的相关信息，根据工具的不同，进行相应的文件配置。接口的底层是基于 Scp 操作命令实现，获取到数据中心的用户信息与学生用户的信息后，通过虚拟机与控制节点的通信，用户选取存储位置之后，进行工具的传输。为学生用户提供对工具进行环境配置的脚本文件，将实验工具快速部署在虚拟机中。

（二）分级细粒度资源监控模块实现

在此大数据实验云平台上，设计分级细粒度资源监控模块，依据用户角色划分，查看相应级别的监控信息。其中资源监控又包括物理资源监控、虚拟资源监控、用户资源监控与资源分析预警，用户行为监控包括用户操作轨迹收集和分析。

1. 物理资源监控

（1）获取监控数据平台

利用 Psutil 模块实现对物理主机的资源监控。Psutil 模块可以跨平台使用，它可以获取系统运行的进程信息和系统利用率信息，用于虚拟机的系统监控、性能分析以及进程管理。系统对各物理节点资源监控数据的获取，是通过创建监控脚本实现的。在脚本文件的实现中，首先导入 psutil 包，分别调用函数获取物理节点的 CPU 使用率、内存总量、内存空闲量、磁盘总量、磁盘空闲量，计算得到内存的使用率与磁盘的使用率，将监控数据存储到 MONITOR-PHYSICAL 表中设定资源获取的周期为 10s。然后计算物理主机的平均负载，检测 6 个周期内负载的均值是否在设定的预警阈值范围内，若不在，则将预警信息记录到 MONITOR-PHYSICAL-RESOU-RCE-WARNING 表中。

（2）监控数据更新

监控数据在网页端进行展示，教师用户可以查看，后台物理主机监控数据每隔一段时间进行一次更新。

（3）资源预警监测

通过获取的物理主机监控信息，计算物理主机的工作负载。设计使用 6 个监控周期，计算此时间段内物理主机的平均工作负载，从而避免由于资源波动对资源预警产生影响。当物理主机的平均工作负载不在设定的双阈值范围内时，触发资源预警，并对现场环境进行保存。当物理主机平均工作负载大于阈值上限时，设定预警等级为 5，当物理主机平均工作负载小于阈值下限时，设定预警等级为 4。物理主机资源监控示警流程如图 2-4 所示。

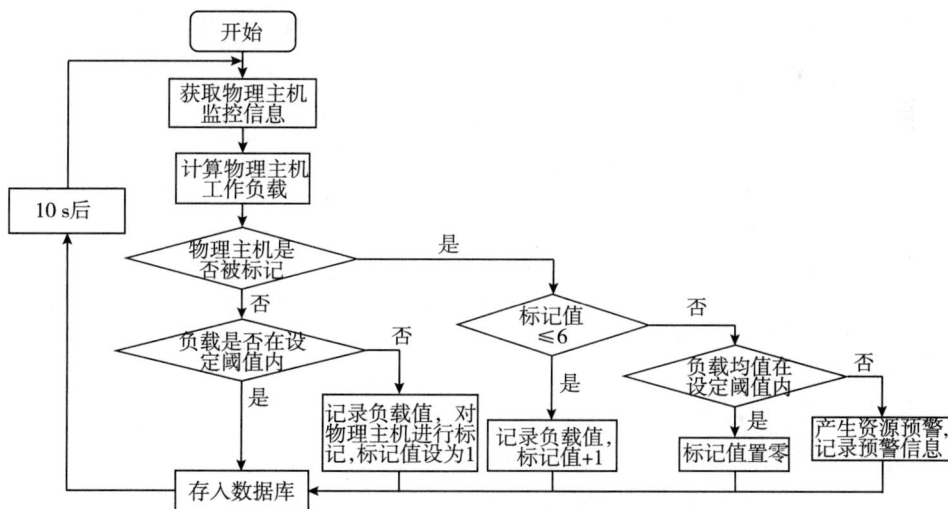

图 2-4 物理主机资源监控示警流程图

2. 虚拟机资源监控

（1）虚拟机信息数据获取

在创建虚拟机时，获取学生用户信息与虚拟机信息，存储在 INSTANCE 表中，通过查询 INSTANCE 表获取所有虚拟机信息，存入虚拟机表 MONITOR-VIRTUAL 中。当用户持有的虚拟机状态发生变化时，需要同步更新 INSTANCE 表。

（2）虚拟机资源占用数据获取

对于虚拟机资源数据的获取，需要通过创建虚拟机时使用的密钥对，利用网络命名空间连接虚拟机。设计函数完成资源占用查询过程，当检测到虚拟机状态为 active 但虚拟机刚启动时，则进行等待，60s 内不能连接虚拟机则抛出异常。

具体处理步骤如下。

获取虚拟机信息。在学生用户进行虚拟机的创建时，将创建的虚拟机信息存储于学生持有的虚拟机信息表 INSTANCE 中，获取虚拟机 ip 时，取出此表中虚拟机状态为 active 的虚拟机的 ip。

检测虚拟机 ip。在虚拟机创建后，会在本地文件夹中生成连接虚拟机的公钥，包含了虚拟机的 ip 信息，虚拟机删除后，文件中公钥信息不会删除。当此 ip 被新创建的虚拟机使用时，会产生错误。获取 known-hosts 文件中，已存在的公钥的虚拟机 ip，查询目标 ip 是否重用，若是，则删除 known-hosts 文件中对应 ip 的公钥信息。

异常处理。检测到虚拟机状态为"active"，当虚拟机无法连接成功时，则抛出异常，等待下一次的连接请求。

资源监控数据获取与处理。在物理主机与虚拟机的网络命名空间中，系统可通过密钥对连接虚拟机，通过脚本命令查询虚拟机 CPU、内存、磁盘的总量及剩余量，分别计算各种资源的利用率，创建列表变量将数据返回。

资源预警检测。遍历虚拟机资源监控数据的列表，计算 6 个监控周期时间内，虚拟机各维度资源的使用率，当超过示警阈值 85% 时，确定产生预警的资源项，设定资源预警等级，将虚拟机名、物理主机名、用户名以及预警等级等信息记录在虚拟机资源预警表中。当虚拟机的 CPU 资源不足时，设定预警等级为 3，当内存资源不足时，设定预警等级为 2，当磁盘资源不足时，设定预警等级为 1。

3. 用户行为监控

用户行为监控包括了用户行为的收集与用户行为的控制，以下对用户行为收集、控制的实现过程进行描述。

（1）用户行为收集记录

学生用户在持有虚拟机上操作的行为轨迹，用于分析学生用户在平台上进行实验的情况，以及分析系统高负载的情况下，通过记录文件追踪到用户的操作。将用户行为的监控的程序创建成服务，进行用户行为的监控，将收集的用户操作记录存储于控制节点统一管理。

具体实现步骤如下。

获取 INSTANCE 中，状态为"active"的虚拟机加入待检测虚拟机列表，依次进行连接列表中虚拟机。

检测虚拟机中系统用户列表。通过函数连接虚拟机系统，获取虚拟机的系统用户，生成用户列表返回。

获取用户操作记录。遍历虚拟机的系统用户列表，获取每个系统用户的历史操作记录。

保存记录到控制节点。检测控制节点上是否存在存储对应用户监控文件的文件夹，将上一步获取的记录写入对应虚拟机名，用户名的文件中。

（2）用户行为控制

当系统出现资源占用警报时，通过监控数据，定位到产生警报的物理节点、用户、虚拟机，调取用户虚拟机中的进程记录和用户的操作轨迹，对用户的行为进行分析，处理流程：对于正常实验过程中出现的资源不足情况，进行适当的资源扩充；教师用户在浏览器客户端进行用户进程信息查看请求，后台返回指定虚拟机中的进程信息（进程名、CPU 占用率、内存占用率），当教师用户查看出现非常规进程导致虚拟机 CPU、内存占用率较高时，教师用户给出警告，若用户不终止相应进程，则由教师用户对其所持有的资源进行限制，不予恢复，并将学生用户的信息记录在用户违规操作表中。在学生申请使用集群时，查阅用户是否存在历史违规操作，若检测出学生用户存在历史违规操作记录，则适当对用户可申请的资源进行限制。

第三章 企业运营虚拟仿真平台的内涵及功能架构

第一节 企业运营虚拟仿真平台的内涵

一、相关概念界定

（一）模拟仿真教学系统

虚拟仿真教学系统是指在计算机系统中，以 VR（虚拟现实）技术为基础，采用网络技术、人机交互、可视化技术等多种计算机技术，将软件设备和硬件设备有机结合起来，建设与现实环境高度接近的各种虚拟实验环境，采用"面向对象"的思想而创建的，使用户能够在非实体的、虚拟的空间下进行沉浸式学习和实验的教学系统。虚拟仿真教学系统是网络教学平台的一个分支，它为师生构建了一个开放性高、共享性好、体验感强的优质教学平台。

虚拟仿真教学系统一般主要由以下四个部分组成，分别是：人机交互界面、虚拟情境、教学知识库和可视化输出，其中最重要的部分就是人机交互界面和虚拟情境。人机交互界面需要充分考虑用户的认知特点、心理因素以及情感因素，它是实现用户与计算机进行信息传递与交流的载体，根据用户的需求在交互界面上呈现用户所需要的信息反馈，从而达到人机交流的目的。虚拟情境是整个虚拟仿真系统的核心部分，它主要通过三维动效软件构建一个生动、高仿真的虚拟情景，让用户感觉自己仿佛置身真实环境，有一种沉浸感、临场感，从而以一种舒适自然的状态与系统进行交互，让用户在现实世界中原本难以看到或者接触到的东西变得不再抽象复杂。虚拟仿真教学系统的主要特点有以下几个方面。

1. 教育性

教学系统首先必须具有教育性才称得上是教学系统，它是为学生更好地学习与实验服务的，因此它所提供的交互功能、资源以及工具应该满足学习者的需求，帮助其实现既定的学习目标。虚拟仿真教学系统以学生的经验学习与知识技能的学习为理念，帮助学生以体验的方式增加对抽象知识的理解，充分体现了学习资源的丰富多样性和学生学习的自主性，这样有利于激发学生的学习兴趣和探索欲，体现了虚拟仿真教学系统的教育性。

2. 沉浸感

虚拟仿真系统最突出的一个特点就是能够带给用户强烈的沉浸感，沉浸感是指计算机系统通过创造和显示出来的虚拟环境带给用户的主观感受，它通过在交互界面中打造一个没有界面边缘的三维立体虚拟情境，使用户产生身临其境的感觉。当用户参与虚拟现实系统中的活动任务时，他们就像被传送到虚拟情境中一样，把自己当成了情境中的角色，完全沉浸在其中，存在感极强。

3. 交互性

交互性是指用户对虚拟仿真情景内物体的可操作程度（以最接近真实环境的交互方式）和从虚拟环境中得到反馈的自然程度，并且这种反馈一般是即时性的。

（二）可用性

1. 软件的可用性

可用性不是单一维度的概念，可用性问题一直存在于用户所使用的任何一个产品中，该产品可能是一个系统、软件、网站或服务。目前最常被引用的可用性定义有以下三个，分别是：国际标准 ISO 9241.11 中"某一特定用户在特定的任务场景下使用某一产品能够有效地、高效地、满意地达成特定目标的程度"；国际标准 ISO / IEC 9126.1 中"在特定使用情景下，软件产品能够被用户理解、学习、使用，能够吸引用户的产品属性"；IEEEStd.610.12 中"系统及其组件易于用户学习、输入及识别信息的属性"。

其中被广泛应用于各种产品可用性的定义是来自国际标准 ISO 9241.11 对可用性的文字定义，即产品在特定场景中被特定用户使用，用于特殊用途时所具有的有效性、效率和用户满意度。其中有效性是指用户完成指定任务的完成率、精确度、出错额度以及求助额度；效率是指用户完成指定任务所耗费的时间和资源；用户满意度是指用户在完成任务过程中的心情愉悦度和可接受程度。在可用性领域大有建树的"可用性鼻祖"尼尔森（Nielsen），他从用户的角度认为可用性是用户对于产品能够被易用（易于理解、学习、使用和吸引用户）、高效使用，并且能让人感到舒服愉悦的能力。尼尔森还提出可用性的 5 个基本属性，分别是可记忆性，即系统的操作很容易记忆，即使不经常使用系统的用户一段时间过后再次使用也能轻松上手；容错性，即系统具有较低的错误率，即使在错误发生之后也能迅速恢复；可学习性，即用户在短时间内能轻松使用系统达到一定目标；高效性，即用户使用系统过程中具有较高的使用效率；适意性，即用户使用系统过程中所产生的愉悦感。

综合上述对于可用性概念的梳理，可以看出可用性是一个多维度的概念，涉及的要素也非常之多，如有用性、易用性、有效性、效率、用户满意度等。总之，可用性要求产品的设计要易于理解、易于操作，并且用户在使用过程中有良好的心理体验。

2.教育软件的可用性

可用性最初是对数字图书馆、网站、软硬件产品的评估，近年来在教育领域也经常听见可用性的声音，很多学者对各种教育软件展开了可用性研究。

开发教育软件的目的是支持教师的教和学生的学，应充分考虑到教师的教学模式和学生的学习方式。好的教育软件的可用性标准不仅能够让师生轻松有效地操作软件，还能帮助教师和学生分别完成教学任务和学习任务，达到既定的教与学目标。因此在评价教育软件的可用性时，首先将其最基本的教育属性考虑进来，教育软件提供的不仅是一个技术性的教学工具，还必须用来支持教师和学习者实现特定的目标，且必须要有很好的教学方法和教育理论支撑。

（三）可用性评估

可用性评估是对计划中的、开发中的或者已经完成的产品或项目进行系统并客观的评价和改进，并使用客观的评估方法来衡量产品的可用性。一般来说，产品的可用性程度只有在真实用户的实际使用情境下才会变得更加清晰，主要从用户体验的角度来衡量可用性的三个核心参数，分别是有效性、效率和满意度，这些基本参数表明了产品是如何实现其设计目标的以及目标结果是怎样的。

常见的可用性评估方法主要有以专家为主的评价、以模型为主的评价以及以用户为主的评价。以专家为主的评估方法主要有启发式评估法、认知演练法等等；以用户为主的评估方法主要有可用性测试法、问卷调查法、访谈法、焦点小组等等；以模型为主的评估方法使用较少。目前运用最普遍的可用性评估方法主要有可用性测试法、问卷调查法、启发式评估法、认知演练法等。可用性评估贯穿产品生命周期的各个阶段，一般包括形成性评估和总结性评估，这两者之间存在着全局差异。形成性评估在产品生命周期的早期进行，这一时期主要用来确定产品的设计方向，厘清产品的整个设计思路，同时为了能够尽早发现产品存在的一些问题，确保产品能够最终满足用户的使用需求；总结性评估通常在产品生命周期的后期进行，主要为了检验已经完成的产品是否达到了设计目标、是否已经成功。

二、虚拟实验室研究背景及现状

（一）实验的定义和功能

《现代汉语词典》中对"实验"的解释是："为了检验某种科学理论或假设而进行某种操作或从事某种活动。"实验就是人们根据一定的科研和教学任务，运用一切仪器设备手段，突破自然条件限制，在人为控制和干预客观对象的情况下，观察、探索事物本质规律的一种学习研究活动。也就是说，实验是人类探索客观世界的一种主动性的活动，也是人们认识世界的一种重要方法。

"实验是科学之母"，实验是科学发明的先导，是创新思维形成的本源，是获取科学研究资料的重要方法和手段，是探索自然奥秘和验证科学真理的重要途径，是近现代教学中的重要内容和方法。

但是，长期以来，针对以上论断，很多人都认为，"科学"仅指物理学、化学、生物学等自然科学，而不包含社会科学。因此，作为社会科学的经济学和管理学似乎与实验无缘。

客观地看，实验方法正在逐步成为社会科学的主要研究方法之一。如实验心理学、实验教育学、实验经济学，它们将实验作为重要的方法和手段引进到本学科的教学与科研中，结合本学科实际构建实验体系来推动本学科的发展，从而形成该学科重要的方法论分支。

（二）实验室的功能与分类

实验室是科学的摇篮，对科技发展起着非常重要的作用。在国际上享有盛誉的著名实验室被喻为科研和创新领域的麦加，是优秀科技工作者所憧憬的处所，如：加州大学伯克利分校的劳伦斯伯克利国家实验室、麻省理工学院的林肯实验室、欧洲核子研究中心、贝尔实验室和研究中心等。这些实验室代表了世界前沿基础研究的最高程度，产生了一大批诺贝尔奖获得者和一大批改变世界的科技成果，是开展高层次学术活动的重要场合。

实验室常见分类方法有学科分类、归属分类、等级分类、规模分类、功能定位分类、开放程度分类、存在形式分类。按照学科分类，可以分为：物理、化学、生物、经济、管理等实验室；按照规模可以分为大型、中型、小型实验室；在中国，按照等级可以分为国家级实验室、省部级实验室或者重点实验室、普通实验室；按照功能定位可以分为教学型实验室、研究型实验室、应用型实验室、综合型实验室；按照开放程度可以分为开放实验室、普通实验室；按照存在形式分为实体实验室、虚拟实验室、混合实验室；按照归属分为国家（或国际）实验室、教学与研究机构实验室、企业（或行业）实验室。虚拟实验室的概念，于1989年由美国的教授最早提出，用来描述一个计算机网络化的虚拟实验室环境。教授形象地把虚拟实验室称为"没有围墙的研究中心"。随着网络技术的发展，虚拟实验室已不再局限于其原有的范畴，已经逐渐将成为一种崭新的科研和教学形式。

对于虚拟实验室的理解，呈现出多样化、动态化的特点。有人认为虚拟实验室是一种特别的、分布式地解决问题的环境，它提供给用户一个基于网络的实验教学、技术交流、协同工作的平台；有人认为虚拟实验是利用技术和互联网平台，把一系列硬件和软件结合起来，实现实验操作，得出实验结果的计算机模拟技术；有人认为虚拟实验室仅限于基于虚拟现实技术构建的具有实验功能的教学和科研场所；也有人认为虚拟实验是一种基于计算机虚拟原型系统的全新的科学研究与工程设计方法，是除理论与实物实验之外的第三种研究设计手段和形式。因此，关于虚拟实验室的相似名词也有很多，比如数字化实验室、计算机模拟实验室、计算机仿真实验室、情景模拟实验室等，尽管这些名字不一，但都从不同侧面强调了虚拟实验室的特点和作用。

以上的理解都侧重于不同的方向，但都指出了虚拟实验室本质是一个"无墙"实验室，它通过计算机网络、软件以及综合虚拟场景（由环境和软硬件共同营造）为实验人员提供不受时空限制的教学和研究场所，让实验人员能随时随地进行实验操作，共享仪器设备，共享数据、算法、案例、场景等资源，进行协同创新或远程教学等。

虚拟实验作为一种被广泛应用的科学实验方式，到目前为止，它经历了思维模型与逻辑分析、计算机仿真和虚拟现实等阶段。

思维模型与逻辑分析阶段是以科学实验分析为基础，以逻辑推理为根据，在思想中构造实验模型的实验方式。在思想实验中，实验者使用理想的实验工具，在理想化的条件下比如在经济活动中，所有人都是绝对理性的，进行逻辑推理、"观察"和"操作"。计算机仿真实验的设备是虚拟设备，它通过建立某些设备的数学模型或者数据库模型，在一定假设条件下，利用计算机对实验对象的数学模型进行信息处理。

计算机仿真是评价现有系统的运行状态或设计优化系统性能的一种技术手段，在航天、军事、生态环境中应用比较广泛。计算机仿真不同于真实实验的是：它依据的主要是系统仿真模型。

虚拟现实阶段以虚拟现实技术为基础，是一种基于可计算信息的沉浸式交互环境，具体地说，就是采用以计算机技术为核心的现代高科技生成逼真的视、听、触觉一体化特定范围的虚拟环境，用户借助必要的设备以自然的方式与虚拟环境中的对象进行交互作用，相互影响，从而产生亲临真实环境的感受和体验。

从功能层面上看，不同专业的虚拟实验室各不相同，即使是同一专业的虚拟实验室也会具有不同的特色，同一个虚拟实验室的不同阶段，其功能也在不断更新换代。

从技术层面上看，各类虚拟实验系统的基本思想是一致的，即用软件方法或虚拟场景（由物理空间、硬件设施、软件共同搭建）来模拟客观事物和人类活动。为了实现上述功能，需要使用一些相关的技术：第一，VR 技术，虚拟现实技术（Virtual Reality，VR）是以计算机技术为核心，综合使用交互设备融视、听、触、感为一体的模仿现实的三维空间再现技术。第二，Lab VIEW 技术，Lab VJEW（LaboratoryVirtual Instrument Engineering Workbench）程序称为"虚拟仪器程序"（简称 VI），是一种基于图形编程语言的开发环境。第三，Java、C#、Python 等符合技术发展方向，具备可移植性、安全性和高性能等特点的程序设计语言。第四，ActiveX 技术，它可将复杂的任务分割成小的模块，作为组件。采用组件思想为构造虚拟仪器带来了很大方便。第五，交互式 Flash 技术。Flash技术用于网络虚拟实验室的开发具有开发速度快、界面美观、视觉冲击效果强、体积小、不需要安装、可直接在浏览器中进行操作等特点，但在交互性方面尚有不足，视觉效果不如 3D。第六，以 Web3D 为代表的 WEB 技术，当今的互联网已不是一个单一静止的世界，动态 HTML、flash 动画、流式音视频，使整个互联网呈现生机盎然，动感的页面较之静态页面更能吸引浏览者，三维的引入必将带来更逼真的视觉冲击和实验体验。第七，云计算（CloudComputing）和大数据（BigData）技术，云是基于互联网的相关服务的增加、使用和交付模式，通常涉及通过互联网来提供动态、易扩展的虚拟化资源，比如网络、服务器、存储、应用软件、数据、信息、服务等；大数据是信息爆炸时代的必然产物，大数据技术的发展将会深远地影响着虚拟实验室的发展。

与现实的实验室相比，虚拟实验室具有以下优势和特点。

1. 仿真性

一方面，理想的虚拟实验室环境可以达到使实验者难以分辨真假的程度，甚至比真的（真实的现实实验室）还"真"（如实现比现实更逼真的影音效果、触觉体验等）；另一方面，通过仿真的方法和手段，使得人类活动中无法通过现实的实验完成的测试与验证得以实现。

2. 开放性

开放式虚拟实验室的"天性"。虚拟实验室内涵的开放性，使实验器具、材料更加广泛、信息更加丰富、实验形式更加多样，实验环境与人的多维器官相互作用，参数更加"真实"的感觉。虚拟实验室外延的开放性，使它通过远程网络实现覆盖的全球化，实验参与者不分地域、贫富等差异，实验操作不分时间、空间、条件、形式、数量等限制，人人能够获得通过虚拟实验室进行实验的权利，"全球实验室"逐渐成为现实。

3. 超时空性

虚拟实验室能够将过去、现在、未来，微观世界、宏观世界、客观世界、主观世界、幻想世界的事物单独呈现或组合呈现，并随时随地提供给实验者进行实验。

4. 可操作性

虚拟实验室产生的初始动力来自要比现实的实验室能更好地完成实验过程，建设思想、实验方法、技术架构等方面共同创造了虚拟实验室良好的可操作性。

与现实中实体实验室相比，虚拟实验室具有以下优势。

1. 硬件投入少

实验所需器材的种类和数量几乎不受限制，器材的购置成本低。

2. 实验室占地少

虚拟实验基本上是基于网络、计算机、服务器以及手机等终端电子设备，不同的学科、专业的不同实验只是需要增加不同的软件，都可以共享同一批计算机及相关设备或者同一个机房，大大减少了实验室面积的占用，提高实验室使用率。

3. 实验损耗更少，实验室维护费用低

传统的实验过程中，因操作不当常常发生实验元器件、器材的损坏，因重复试验增加耗材损耗、能源消耗，以及各种原因造成的维护工作量的提高。虚拟实验室提供的虚拟环境基本上不消耗元器件、器材，不会导致接触不良，设备损坏等，在降低实验成本的同时提高实验精度。

4.仪器设备更新成本低，更新换代快

随着技术进步和应用升级，实验内容也需要不断更新，与之对应的实验设备也需要更新换代，旧设备的淘汰，新设备的采购、安装、调试都需要增加额外的成本。虚拟实验室可以利用软件参数的调整或软件版本的升级，替代硬件的升级，保证实验"设备"的先进性、全面性、完整性，保证"设备"的更新及时、廉价、高效。

5.开放共享程度高，远程协作更加便利

虚拟实验室本身基于信息技术，虚拟现实技术、网络通信技术、云计算技术等可以将实验室功能延伸到局域网、广域网，甚至可以将实验参与者自己的设备融入虚拟实验室中来，或者将其他实验室作为该虚拟实验的一个有机组成部分而组成更大范围、更高层次的虚拟实验室。通过技术方案延伸实验空间、实验功能，构建更加开放的实验平台，在更大范围和更高水平上共享实验室的软硬件资源，对于远程协作、远程教育具有极大的支撑作用。

6.提高实验的人性化程度，提高参与者的体验

虚拟实验室中各种仪器、仪表的功能、性能、规格型号、数量等要素在实验软件设计合理、功能完善的前提下可以通过动态调整，轻松组合，可以开展更多个性化、定制性的实验，满足更多使用者的需求。由于软件在迭代更新方面的先天优势，更容易实现实验功能的完善、实验过程的改进，这些都可以给实验者带来更快实验速度、更高实验效率、更低实验强度等良好的体验。

7.更加安全

虚拟现实可以让很多实验环节中的危险操作、危险过程、危险物品转化为图形影像、数据模型等，避免了人员的危险、设备的危险。

三、企业经营模拟实训在管理学课程中的运用

管理学教学中因缺乏情景体验，产生了对管理理论理解困难的问题。将企业经营模拟用于管理学教学中，还原管理情景，用体验式教学法体验计划、组织、领导、控制等管理职能。

（一）管理学教学中存在的问题

管理学的教学过程是教师通过一定的手段和方法将管理理论传播给学生的过程，教师是这个过程的主体，学生是教学目标实现的客体，教学方法和手段是知识传播的渠道和媒介。此过程中任何一个环节的缺陷都将构成知识传播的障碍。

1.教学主体的问题

教师的教授效果受情绪、倾向、个人感受、表达能力、判断力的制约。表达能力不

佳、内容传送不全、内容传递不条理、知识经验的局限及对内容的过滤都会影响内容的完整传递。教师本身缺乏管理实践经历，对管理理论缺乏切身的经验体会，解读管理理论就难免空洞，更谈不上用语言描述还原管理情景了。

2. 教学客体的问题

学生是教师传播知识的接受者，通过解读课本，教师的语言所传达的信息，转化为他们所能了解的想法和感受。这一过程要受到学生的经验、知识、才能、个人素质以及对教师的期望等因素的影响。学生是缺乏社会实践的个体，学生从幼儿园到小学、中学、大学就没有出过学校门，他们完全没有社会实践的经历，而这些经历是构建实践情景的基础，在学生的脑海里建立不起这样的实践情景，就无法理解管理理论。

3. 教学手段问题

管理学的教学手段有讲授法、案例教学法、情境教学法、讨论法。讲授法用于阐释管理学概念、定义和原则，案例教学与情景教学是用于还原管理情景，讨论法用于学生运用所学理论概念发散思维，是加深巩固理解的。管理学作为一门来自实践的学科，案例教学与情景教学是最重要的手段。由于缺乏实践体验，案例教学可能沦为讲企业发展故事，而情境教学法大多成为一些孤立的游戏活动，无法构建管理的整体性和各管理职能间的相关性。

（二）企业经营模拟的内容特色

将一个班的同学分成六组，模拟六家企业的市场竞争。时间以年为单位连续经营 5 到 6 年。企业经营活动的主要内容。

1. 市场开拓

市场分为本地、区域、国内、亚洲和国际市场，根据企业的实力确定目标市场策略和广告策略。

2. 产品研发

模拟 P 产品的研发，分为初级产品 P1、改良产品 P2、中端产品 P3 和高端产品 P4 四个类型，根据企业的目标战略确定产品研发策略。

3. 生产规划

根据市场需求，策划企业的生产能力，合理配置手工、半自动、自动和柔性等生产线，制定设备新建计划和资金投入量及投入进度。根据生产线能力制订产量计划，根据产量计划制订物料供应计划。

4. 质量管理

配合企业的市场策略确定企业的质量标准体系。

5. 企业财务

根据企业生产活动，预算企业资金流量，制订融资计划，填报资产负债表、利润表和现金流量表。

以上内容贯穿于每年度的企业经营活动中，随着时间的延续前后融合衔接，同时互相协调制约。管理活动的生动与复杂，竞争的活力，价值规律体现的理性智慧，调动起同学们学习的积极性和主动性。

（三）企业经营模拟与管理理论的结合

模拟企业经营的目的是体验管理的计划、组织、领导、控制等职能。

1. 计划职能的体验

计划按照层次不同分为战略层计划和战术层计划。战略层计划体验是通过企业战略环境分析（包括对企业一般环境、具体环境、企业内部条件分析）制定出长期规划。一般环境是每个企业都共同面对的环境，在模拟中通过贷款、税收和质量体系等体现出来。贷款政策如表 3-1 所示。

表 3-1　贷款政策

贷款类型	贷款时间	贷款额度	年息	还款方式
长期贷款	每年年末	权益的 2 倍	10%	年底付息，到期还本
短期贷款	每季度初	权益的 2 倍	5%	到期一次还本、付息
高利贷	任何时间	—	20%	到期一次还本、付息
资金贴现	任何时间	视应收款额	1：6	变现时贴息

税收政策：每年末按当年利润的 25% 计提所得税，并计入应付税金，在下一年初交纳。出现盈利时，按弥补以前年度亏损后的余额计提所得税。

质量标准体系有 ISO 14000，ISO 9000，不同的市场认同不同的质量体系。

以上规则营造出企业经营的一般环境。

具体环境是企业所处的行业竞争环境，通过产品研发和市场开拓两个维度展开对竞争对手的分析。

企业内部条件分析：一是分析企业的生产能力。分析企业拥有的生产线状况，计算企业产能。手工生产线的生产周期是三个季度，半自动生产线生产周期是两个季度，自动和柔性生产线生产周期是一个季度。根据拥有的生产线数量可以计算企业生产能力，根据生产线购买、转产与维护、出售等条件可以做产能决策。二是分析财务状况，掌握企业的现金状况和融资能力。

依据企业一般环境分析、具体环境分析和企业内部条件分析，充分考虑企业机会与实力的匹配，市场进入与退出的依据，市场优先级的选择，竞争对手情况等，做长期性规划，制定企业的长期发展战略。战术层计划的体验是通过生产计划和材料采购的具体编制和实施实现。

2. 组织职能的体验

组织是大于一个人的群体，为了共同的目标相互协作，将目标转化为不同的岗位部门，按照计划、控制、组织和协调的流程运作。将全班学生分成六组，组成六个企业，模拟一个完全竞争的行业。每家企业是一个目标集体，由几个学生组成，他们共同的目标是使得本企业利润最大化，逐渐发展壮大。

利润最大化目标按照分工转化为市场开拓、产品生产、产品研发、材料采购和财务管理等具体职能，这些职能按照规则相互协调运作，最终实现目标。

将企业的经营活动划分为营销与规划中心、财务中心、生产中心、物流采购中心、企业流程制度中心，分别配备总裁、营销总监、财务总监、财务助理、运营总监和采购总监等职位。总裁负责发展战略制定、竞争格局分析、业务策略制定、经营指标确定、全面预算管理、管理团队协同、企业绩效分析、业绩考评管理、管理授权与总结等；营销总监负责市场调查分析、市场进入策略、品种发展策略、广告宣传策略、制定销售计划、争取订单与谈判、签订合同与过程控制、按时发货应收款管理、销售绩效分析等；运营总监负责产品研发管理、管理体系认证、固定资产投资、编制生产计划、平衡生产能力、生产车间管理、产品质量保证、成品库存管理、产品外协管理等；采购总监负责编制采购计划、供应商谈判、签订采购合同、监控采购过程、到货验收、仓储管理、采购支付抉择、与财务部协调、与生产部协同等；财务总监及助理负责日常财务记账和登账、向税务部门报税、提供财务报表、日常现金管理、企业融资策略制定、成本费用控制、资金调度与风险管理、财务制度与风险管理、财务分析与协助决策等。

通过实际运营，在分工与协作中体验组织职能的意义与作用，各职能要服务于组织目标，以及团队协作的重要性。

3. 领导职能的体验

领导是在一定条件下，指引和影响个人或组织，实现某种目标的行动过程。

在企业经营活动中，虽然有分工，也难免有越岗干预，协作上会有许多问题出现，决策时不同意见的妥协与统一都锻炼着管理者的领导和组织能力。在处理问题的过程中，体现出不同的领导作风。通过观察、总结和交流，同学们能够体验到领导对组织的影响。

活动中展示出专制型、民主型、放任型等领导风格，不同的领导风格在各模拟企业的特定场景中表现出对积极性的扬抑作用。

通过各组同学讨论，探讨本组的领导作风对同学参与积极性的扬抑情况，并提出改进的建议。

4. 控制职能的体验

控制按照时间不同有事前控制、事中控制和事后控制，在企业经营模拟中分别通过以下活动体现出来。

事前控制通过利用企业经营流程控制表从季初现金盘点到现金收支统计的流程，提前预演企业一年的经营活动，统计现金支出，提前预计企业经营中现金的短缺，做好筹资贷款计划。事中控制是控制企业经营流程，避免工作混乱，分别控制生产周期和进料时间。事后控制是在每一个经营年度结束，通过费用明细表、利润表和资产负债表等财务报表总结企业的经营状况，分析本年度的成功与不足，为下一年的计划调整打基础。

通过企业经营模拟还原了管理情景，管理的计划、组织、领导、控制等职能和管理原则在具体体验中完全得到展示和体验，使得管理理论的学习变得容易、轻松、有趣，体验式教学法解决了管理学这类课程的教学难点。

四、实施条件

组织要求：为了能够模拟企业经营环境，建议使用企业经营实物沙盘。将一个班分成六个企业，模拟一个行业竞争市场。场地要求：教室能摆放六个沙盘，供一个班的学生活动。设备要求：要有多媒体用来播放课件和沙盘软件。时间要求：需要连续的操作时间，两天或四个半天。

第二节　企业运营虚拟仿真平台的功能架构

一、虚拟仿真教学资源对人才培养体系的支持

提供更多实验环境，拓展学生知识面。由于科学技术的迅速发展，新器件、新仪器层出不穷，实验室不可能和企业一样随时紧跟时代的发展而建设相应的实验室，如何能让学生及时了解和掌握最新技术和市场主流产品，虚拟仿真实验不仅可以满足上述需求，在与真实的实验相比时，虚拟仿真实验具有提供更多实验环境、扩充实验内容、开阔学生的视野、节约实验经费等优势。

改变传统实验教学模式，培养实践创新人才。实验内容单一的验证性实验是传统实验的主要不足，只要学生参考相关原理，就能够按照实验步骤完成实验，此种实验中缺乏设计性和创新性，不能很好地培养和锻炼学生的实践和创新能力。如果引入虚拟仿真实验，不仅可以灵活地加入多种设计性实验内容，让学生自己设计符合实验要求的实验方案，就能获得不同形式的实验结果，并可及时进行分析。因此，学生通过完成虚拟仿真实验可以培养自己的独立思考能力，激发学习兴趣，更有利于培养学生的创新精神和实践能力。

扩展学生研究兴趣，参与实际的科学研究。要想培养学生的创新能力，首要任务是提高学生发散性思维和归纳总结的能力。通过虚拟仿真实验手段，进行虚实结合的实验训练，可扩展学生的研究兴趣，逐步提高学生的科学研究水平。

通过虚拟仿真项目设计，培养学生创新意识。实验教学是教学活动的重要环节之一，与之相辅相成的是课堂理论教学。理论教学中的内容可以通过实验的方法进行科学验证或展开演绎，这样不仅能加深学生对理论知识的了解和掌握，同时在实验过程可以培养学生的创新意识和科学严谨的作风。但是有的时候，某些实验由于环境、经济等因素的限制，不方便在真实环境中完成实验，虚拟仿真技术可以在这种情况下应用。通过进行

虚拟仿真实验项目的设计达到对学生创新意识的培养，引导学生主动进行科学研究探索。

二、虚拟仿真教学资源对课程教学内容的支持

预测与决策课程是工商管理、信息管理与信息系统、大数据管理与应用等专业的专业限选课，是数据分析专业方向的必修课。课程重点介绍经济与管理领域的预测与决策理论和方法，培养学生经济与管理领域中相关数据的处理和分析技能，使学生对预测和决策的基本概念、基本方法及应用有系统的认识和理解，能用所学方法解决实际问题。课程教学主要以教师课堂讲授知识为主，忽视了对学生解决实际问题能力的培养。虽然课程规划包含实验教学部分，但实验教学效果普遍较差，并未起到培养学生运用所学知识解决实际问题的能力。因此，如何改善课程中的实验教学、发挥学生的主观能动性、提高学生解决实际问题的能力，值得深入思考。

（一）虚拟仿真实验引入预测与决策课程教学中的意义及必要性

1. 原有预测与决策课程实验教学中存在的不足

（1）实验内容单调，缺乏整体性

从目前预测与决策课程的实验教学形势来看，一般是教师给定相关数据并出题，学生解题。这种单调的实验教学方式会使学生对实验内容缺乏兴趣，对实验的积极性不高。此外，实验内容通常是方法—习题，如针对回归分析法、季节变动法以及马尔科夫法等，教师给定特定背景与数据，学生进行数据分析和处理。然而，这样的实验教学方式没有体现出综合性和创新性，不利于培养学生独立思考、独立解决问题的能力。

（2）课时限制

现有教学课时安排更多集中于课堂上讲授专业知识，实验课时安排相对较少，无法为学生创造持续的实践条件。特别是由于成绩的评定主要取决于课堂考试，注重考核学生对课堂所学知识的掌握与记忆，忽视了考核学生灵活运用课堂所学知识的能力。预测与决策课程具有较强的实践性，通过实验课程不仅能够加深学生对所学知识的理解，而且能够培养学生运用所学知识分析与解决实际问题的能力。因此，实验课的课时限制严重影响了对学生实践能力的培养。

2. 虚拟仿真实验教学的优势与意义

目前，虚拟仿真实验项目建设得到了教育部的大力推动和支持。虚拟仿真实验通常具有虚幻性、沉浸性、交互性与逼真性四个特点。由于虚拟仿真技术可生动形象地模拟实验场景，使参与者有种身临其境的感觉。将虚拟仿真实验引入预测与决策课程的实验教学之中，是对原有课程实验教学内容和实验教学模式的拓展与改革。虚拟仿真实验因其特有的属性与特点，不仅能激发学生的学习兴趣，还能让学生通过在线操作提高实验效率。因此，在预测与决策课程的实验教学中引入虚拟仿真实验，对于提升课程实验教学质量十分有优势。

（1）改善实验教学环境

在实验教学条件上，引入虚拟仿真实验项目，可使实验内容通过虚拟教学环境以在线方式呈现。这打破了原有课程实验教学的时空限制，使得学生可随时随地进行实验。在实验教学环节，强调了"以学生为中心"的教育理念。在实验过程中，允许学生自主决策、多次尝试，并观察相应决策的结果。

（2）激发学生学习兴趣

虚拟仿真实验因其特有的虚幻性与逼真性，可改善原有实验教学的枯燥乏味。如通过虚拟仿真实验，将书本上一些晦涩难懂的知识以各种生动形象的3D动画呈现，不仅有助于提高学生的学习兴趣，还能启发学生思考，强化学生自主学习与创新实践的能力。此外，通过虚拟仿真实验，实现了教师与学生之间的线上交互，学生可随时随地提问，教师线上答疑，有效地提高学生学习的积极性。

（3）发挥学生主观能动性

虚拟仿真实验特有的沉浸性与交互性特点，可充分发挥学生主观能动性，启发其创造性思维，实现"以能力为先"的人才培养理念。如学生在实验约束的可行范围内，可自由设置实验相关参数，能够得到即时反馈，让学生立刻体验到决策的效果，且实验结果可启发学生对其决策方案进行优化。这种实验过程完全由学生自我主导，教师只起引导的作用，能够大大发挥学生的主观能动性。

（二）预测与决策课程虚拟仿真实验教学设计思路

1. 实验内容的丰富性

实验包括四个环节：资源配置、业务设计与优化、市场推广、损益测算与运营效益分析。不同环节体现了企业不同的生产运营过程。在整个实验过程中涉及的知识点包括时间序列平滑预测法、移动平均法、指数平滑法、回归分析预测方法、确定决策分析、成本效益分析、期望损益决策、决策树分析决策以及不确定决策分析，等等。

2. 操作环境的真实性

实验数据是从某移动互联网信息服务企业得到最新的用户数据，经脱敏后建成实验应用环境。在整个实验过程中，学生能够分别扮演企业高层决策者、企业产品开发师、企业市场经理、企业财务经理。实验设计通过情境带入，将学生放入移动互联网信息服务企业产品生产运营管理和决策的环境中。学生基于预测与决策课程所学的知识，对企业经营前景进行预测，对企业用户数据进行分析，对企业经营方式进行决策，最终分析与探讨企业市场收益情况。

3. 实验过程的层次性

预测与决策课程的教学逻辑一般先讲授预测方法，然后介绍相关决策理论。该实验的实验过程符合课程教学逻辑。首先是预测，然后在预测结果的基础上进行决策。实验过程采用层层递进的方式，这样有利于学生回忆课堂所学知识。而且，在每个环节中，学生可通过调节实验参数来观察实验结果的变化，如调节指数平滑法中权数 α 的取值，观察不同取值下预测结果的变化。

三、虚拟仿真教学资源对实践教学的支持

在虚拟仿真教学平台的敏捷运营框架中，资源层的目标是完成对原始的课程相关资料等资源进行预处理，组建成为可调用、可配置的仿真教学内容，以响应来自活动层的各类具体的仿真学习场景需求。过往的仿真教学系统一般围绕特定的知识内容直接进行定制化开发，可拓展性较差，二次开发难度较高。无论在高校或企业培训场景中，教学目标与教学内容往往是不断演进的，同时也需要根据受众群体的情况不断进行调整。要实现仿真教学平台运营的敏捷性，就必须实现仿真教学内容的可调用、可配置。

（一）知识点及引导任务

虚拟仿真教学平台的内容组建是一项较为复杂的工作，需要合适的模型进行解析。将平台敏捷运营中引导任务学习设计的相关场景，使用协同场景元模型进行梳理，如图 3-1 所示。

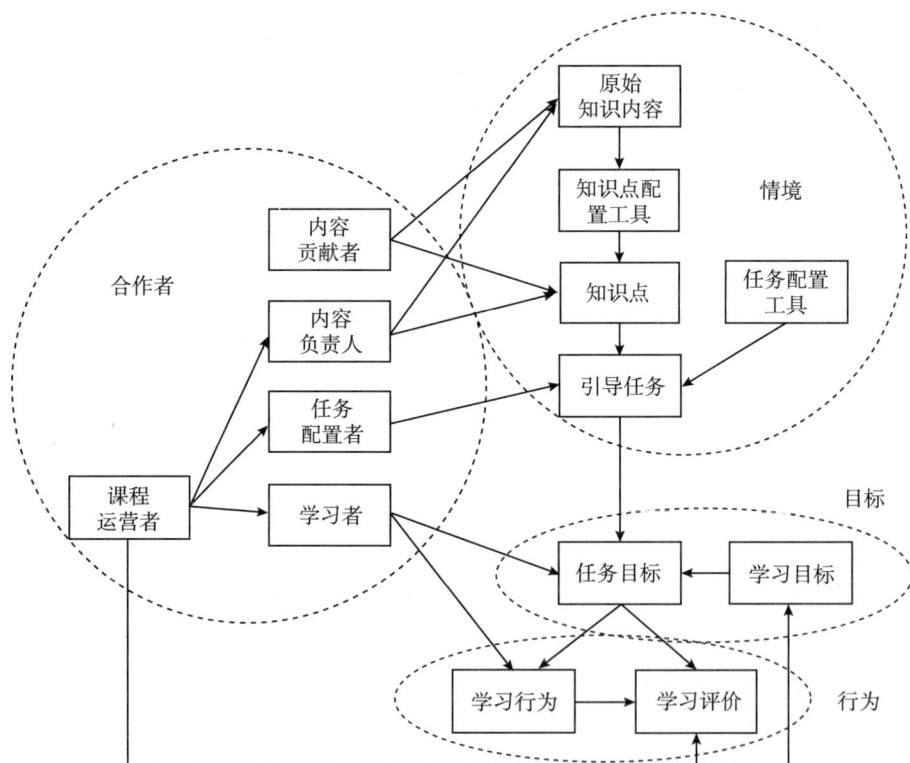

图 3-1　引导任务学习协同场景元模型

在该元模型中，合作者包括课程运营者、内容贡献者、内容负责人、任务配置者等。其中，内容负责人主要负责收集整理教学相关的各类原始知识，如书籍资料等，并使用特定的知识点配置工具将原始知识配置成为适用于仿真教学平台任务引导教学的"知识

点"。这部分工作较为零散且工作量较大，因此在平台的实际运营过程中，可以采用众包等方式，由众多内容贡献者共同进行原始内容与平台知识点的收集与配置工作，并由内容负责人进行审核与修订。在平台知识点库的基础上，任务配置者可以应用任务配置工具，进行引导任务的构建工作，最终为学习者构建较为完善的仿真学习情境。此外，课程运营者作为敏捷运营三层框架中运营层中的角色，将根据仿真课程的具体情况，协调内容负责人、任务配置者等角色的内容组建工作，并根据学习目标调用引导任务等平台内容，推动学习者根据相应的任务目标展开仿真学习。

1. 知识点组建

在传统学习与教学中，知识一般是以书本教材等资料形式作为载体。绝大多数教材都是以服务课堂教学为目标，其教学思路与知识的组织形式往往不适合直接应用在虚拟仿真教学平台当中。此外，教材内容的组织方式一般较为严谨，上下文经常存在联系，相比之下，仿真教学平台中的知识组织形式一般以较为碎片化的形式呈现给学习者，同时借由引导任务、仿真情境进行串联。不仅在仿真教学平台中，目前网络课程建设与网络教学改革当中，学习资源和学习过程走向"微化"或"碎片化"，已成为众多研究者和实践者的共识。因此，为了适应仿真教学平台的实际情况与特点，需要将来自教材、资料等载体的知识进行重新梳理与配置。

虚拟仿真教学平台的知识梳理与配置总体属于中长期工作，其主要目标是构建某一学科较为泛用的仿真知识库，以便课程运营者可以快速调用其中的教学资源，使用学科知识库组建符合具体教学需求的课程知识库。学科知识库可以由专门人员进行集中建设，而更理想的情况则是采用众包的模式，由众多贡献者对其进行长期的建设与丰富。

此外，仿真平台的知识库不仅包括教学过程中需要使用的学科知识，还可以包括对于仿真平台本身的操作性知识。在仿真教学平台实际投入教学的过程中，学生初次接触仿真环境势必会存在不熟悉平台操作、适应仿真环境过程较慢等问题。这样的情况下，教师或助教等经常需要花费大量时间精力，与学生对于平台操作问题进行频繁的一对一交流。因此，将平台操作相关知识，如平台基本操作方法、经营实践新手指导等知识纳入仿真平台知识库建设是十分必要的。

在构建虚拟仿真教学平台的学科知识库时，"知识点"常作为教学内容分析整理的最小单位。在教育信息化领域，对于知识点的提取与分析工作在过往研究中已有所提及。综合相关研究者对于该问题的论述，学科知识库中知识点梳理具有以下几项原则：

（1）知识存储结构

学科知识库中的资源应具备多模态属性，即知识点不仅包含文本形式的学习资源，还应根据虚拟仿真教学平台的实际需要包含视频、音频、图片等多种形式的学习资源，以确保其在引导任务等场景下可以被学生有效认知。

（2）知识分类

在教育领域有关知识分类的研究中，一般将知识分为陈述性知识和程序性知识两大类型。陈述性知识指个人具有有意识地提取线索，而能直接加以回忆和陈述的知识，包括概念、命题等；程序性知识指解决某一问题的一系列步骤、方法等。学科知识库中知识点梳理需要包括以上两类知识点。

（3）知识关联

除了知识点本身的内容外，知识点之间的关联关系也是学科知识库构建需要考虑的重要问题。一方面，课程知识点之间原本就存在较强的逻辑关系；另一方面，建立知识点之间的关系，如父子关系、关联关系，有助于在虚拟仿真教学平台中对其进行更方便的调用与检索。

2.引导任务组建本文

引导任务需要包含任务背景及一系列相应的任务流程，以确保学习者在学习的过程中始终具有明确的目标，进而在仿真学习环境内有目的地进行探索学习。相比于课程知识点的配置工作，引导任务的配置整体难度较大，因此需要配置工具在最大程度上降低操作难度与理解门槛。仿真学习平台中的引导任务主要包含以下四项元素：第一，任务背景与任务介绍；第二，地图场景（包括地图、NPC、场景互动元件等）；第三，任务流程设计（对话、互动幻灯片、任务选项等）；第四，任务与知识点的关联。

其中，任务背景与任务介绍分别可以使用简单的文本段进行配置。而地图场景由于需要较为复杂的美术资源进行支持，在技术层面上较难进行后期灵活配置，在课程实际运营中可以采用完整的预设场景来满足绝大多数的任务需求。因此，课程运营团队在引导任务中的配置工作重点是对任务背景与任务介绍撰写、任务流程设计、任务与知识点的关联设计。

一个引导任务通常由一系列子任务组成，每个子任务都会为学习者提供一个或多个并列的任务完成条件，如在游戏设计领域中常见的"前往某处寻找某人进行对话""收集若干个任务道具"等。一个引导任务的合理长度一般为3~8分钟，即学习者完成一个完整的引导任务的时间在5~15分钟。课程运营团队可以根据对某一引导任务的子任务数量、子任务基本信息、子任务类型以及子任务的主要流程进行灵活配置。

（二）仿真实践内容组建

任务引导学习的主要目标是帮助学习者更好地掌握和理解各类课程的"知识点"，相比之下，仿真实践学习更加关注教学目标中的各种"难言知识"。难言知识是未经编码或难以编码、具有高度个性化的程序性知识，它依赖于个体的体验、直觉和洞察力，内化于行为本身，植根于个体所处的环境之中。在仿真实践学习中，学习者在仿真情境中可以扮演不同的角色，身临其境地接触各种信息并进行思考与决策，并在这样的过程中完成难言知识的建构。在经管类学科教学和企业培训等教学场景中，虚拟仿真教学平台可以模拟企业的真实业务情境，构建生产经营流程中的各种变量、关系和事件，帮助学习者理解企业业务、亲身体验企业决策行为。

为了将企业真实业务有效融入仿真平台的实践中，需要企业合作方（一般指仿真模拟的对象企业）、配置者及课程运营者等角色协同完成。仿真教学内容的组建中，属于敏捷运营框架资源层的内容企业的基础业务数据、仿真平台组件库等，由企业业务人员掌握的相关知识也属于资源层的一部分。使用协同场景元模型对仿真经营实践中的合作者、情境、目标、行为等要素进行梳理，如图3-2所示。

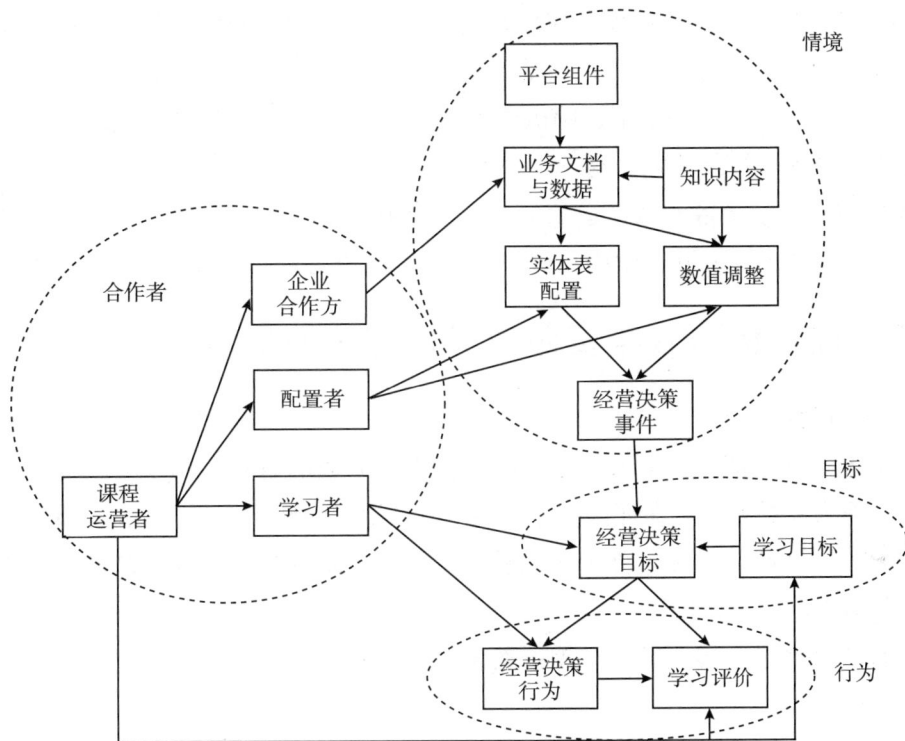

图3-2 仿真经营实践协同场景元模型

仿真经营实践涉及的软件系统一般整体开发周期较长、开发难度较大。

1. 基于企业业务数据的经营实践配置

仿真实践学习内容的组建工作，首先需要由课程运营者或平台的其他运营角色进行规划与设计，根据仿真课程的学习目标，确定经营实践涉及的企业经营环节，进而确定内容构建需要的平台模块组件。

2. 仿真实践成就系统配置

无论是实物沙盘演练还是仿真环境下经营实践，经营实践内容与学科理论知识本身联系不够紧密是影响其教学效果核心问题之一。虽然这样的教学模式可以充分引起学习者的学习兴趣与主动探索的欲望，但学习者在经营实践完成后的经历和经验难以及时与学科理论知识产生联系，最终导致无法完成完整的知识建构过程。在实际教学中常会表现为学生们"玩"得很热闹，却往往会忽视对知识进行及时的总结与收敛。因此，充分将经营实践学习与学科理论知识的建构紧密结合，即将实践内容与任务引导环节中为学习者传达过的知识在恰当的时间产生联系，是虚拟仿真教学平台运营过程中必须解决的问题。

学习者真正完成某个知识点的建构，在仿真学习平台中的经营实践中可以体现在完成了某个或多个特定行为。为了在仿真平台中模拟这个过程，可以参考电子游戏领域的"成就"系统进行设计。在电子游戏设计中，"成就"设置初衷是为了鼓励玩家更加深入多样地探索游戏空间，因此会对玩家的特定行为或累计行为进行一定的奖励，后来该系统也被用作衡量玩家的游戏进度。在仿真实践中，可以设置相应的行为进度指标，对学习者知识的掌控进行衡量。例如，当学习者连续三个月完成订单交货，且产品库存量控制在最大库存量的十分之一以下，则仿真教学平台可以为学习者解锁"成就"，即判断该学习者掌握了"库存控制策略"这一知识点。

在虚拟仿真教学平台的敏捷运营框架中，成就系统实际上承担了部分运营层与活动层间的交互工作。但在实际教学中，这一类预设的交互方式存在灵活性较差等局限性。

四、虚拟仿真教学资源对考核方法的支持

（一）教学理念

先进的教学理念能够发挥实践教学在培养人才方面的重要作用，形成良好的实践教学培养高素质人才的氛围。在评价指标体系中将教学理念划分为三个二级指标：

①充分发挥实践教学在增强学生的社会责任感、激发学生的创新精神、培养学生的实践能力等方面的重要作用。

②重视实践教学、实践教学与理论教学协同培养高素质专门人才和拔尖创新人才的氛围。

③实验教学定位合理。

这三个二级指标就包含了教学理念建设的各个方面。

分析第一个二级指标，它包含发挥实践教学在增强学生社会责任感的作用、发挥实践教学在激发学生创新精神的作用、发挥实践教学在培养学生实践能力的作用等。

分析第二个二级指标，它可以细分为重视实践教学的氛围、实践教学与理论教学协同培养高素质专门人才和拔尖创新人才两个方面。

第三个二级指标虽然没有在实验教学中心建设内容中出现，但是它却是不可缺少的。实验教学定位合理包括理念定位合理、地位定位合理、教育培养目标定位合理。理念定位合理是判断实验教学中心的教学理念是否先进，是否以学生为本，重视培养学生的实践与创新能力等。地位定位合理是判断实验中心是否将实验教学与理论教学并重，而非实验教学附属于理论教学。教育目标定位合理是指实验教学中心是否有分层次的能力培养目标，如基本技能、新技术及应用能力、综合创新能力的实践能力培养目标。详细情

况见表 3-2。

表 3-2　教育理念详细指标表

一级指	二级指标	指标内涵
教学理念（10分）	1. 充分发挥实践教学在增强学生的社会责任感、激发学生的创新精神、培养学生的实践能力等方面的重要作用（4分）	发挥实践教学在增强学生社会责任感的作用
		发挥实践教学在激发学生创新精神的作用
		发挥实践教学在培养学生实践能力的作用
	2. 重视实践教学、实践教学与理论教学协同培养高素质专门人才和拔尖创新人才的氛围（4分）	重视实践教学的氛围
		实践教学与理论教学协同培养高素质专门人才和拔尖创新人才
	3. 实验教学定位合理（2分）	理念定位合理
		地位定位合理
		教育培养目标定位合理

（二）教学体系

先进的虚拟仿真实验教学中心应具备科学合理的实验教学质量标准，以及与其他部门、企事业单位联合培养人才的新模式，同时，教学体系的构建应注重培养学生的基本规范和基础能力，并重视与科学前沿、社会应用实践等的密切联系。在本评价指标体系中将教学体系划分为五个二级指标：

①遵循实验教学规律和人才成长规律，有以能力培养为主线，目标清晰、载体明确、评价科学的实验教学质量标准。

②有以实验教学中心为依托，与有关部门、科研院所、行业企业联合培养人才的新模式。

③教学体系中有基本规范的养成。

④教学体系中有基础能力的培养。

⑤教学体系中密切联系科学前沿、工程实际和社会应用实践。实验项目不断更新，教材不断改革创新。

这五个二级指标包含了教学体系的各个方面。

分析第一个二级指标，实验教学质量标准构成元素包括实验课前准备质量标准、实验课堂教学质量标准、实验考核质量标准、实验效果质量标准。

分析第二个二级指标，现有的新模式主要有：校企共建实验室的模式、校企共建校内实训中心的模式、校企共建实践基地的模式、校企"订单式"人才培养的模式、学校引入企业技术与资源拓展教学的模式，以及有关部门、科研院所、行业企业联合培养人才的其他新模式。

分析第三个二级指标，教学体系的基本规范可以从以下几个方面来反映：是否有整洁的基本规范、是否有认真的基本规范、是否有质疑、思考、发现问题的基本规范、是否有安全的基本规范、是否有环保的基本规范、是否有勤俭节约的基本规范、是否有做事有条理的基本规范、是否有整理器材的基本规范、是否有诚实的基本规范、是否有实事求是的基本规范、是否有与人合作、交流的基本规范、是否有不干扰别人的基本规范、是否有遵守规则的基本规范。

分析第四个二级指标，教学体系的培养的基础能力可以从以下几个方面反映：是否有科学素养的培养、是否有实验教材的阅读和分析能力、是否有参考文献的查阅和应用能力、是否有预习报告及实验报告的撰写能力、是否有实验的组织能力、是否有实验的操作能力。

分析第五个二级指标，指标内涵包括与科学前沿、工程实际和社会应用实践的密切联系、新增或更新的实验项目数、新出版或版本升级的实验教材数、新编写或版本升级的实验讲义数。

（三）实验教学方式方法

先进的虚拟仿真实验教学中心应使用多样化的教学方法与现代的教学手段，实行以学生为本的互动式、研讨式教学方式和自主、合作、探究的学习方式等。在本评价指标体系中将实验教学方式方法划分为三个二级指标：

①创新和使用多样化的教学方法、现代化的教学手段，融合多种方式辅助实验教学，积极开发综合性、设计性、创新性实验项目。

②实行以学生为本的基于问题、项目、案例的互动式、研讨式教学方式和自主、合作、探究的学习方式。

③注重基础与前沿、经典与现代相结合，虚拟仿真与真实体验相结合，基本规范养成、基础能力训练与创新能力培养相结合，能促进学生多样化成才。

这三个二级指标包含了实验教学方式方法的各个方面。

对于第一个二级指标，它的内涵可以包括：教学方法的种类、是否使用虚拟现实优化实验教学手段、是否使用增强现实优化实验教学手段、是否使用虚实结合优化实验教学手段、是否使用人工智能优化实验教学手段、是否使用现场实时摄像投影与教师演示结合教学手段、是否使用其他多媒体教学手段、开发的综合性实验项目数、开发的设计性实验项目数、开发的创新性实验项目数、综合性实验项目所占比例、设计性实验项目所占比例、创新性实验项目所占比例。

分析第二个二级指标，它的内涵可从以下几个方面来体现：有启发式教学法、有问题式教学法、有项目式教学法、有讨论式教学法、有开放式教学法、有分层次教学法、有其他教学方式、有自主式学习方式、有合作式学习方式、有探究式的学习方式、学生对基于问题，项目，案例的互动式，研讨式教学方式的评价、学生对自主式学习方式的评价、学生对合作式学习方式的评价、学生对研究式学习方式的评价等。

对于第三个二级指标，它可以通过以下几个方面来体现：基础与前沿的结合的实验、经典与现代相结合的实验、虚拟仿真与真实体验相结合实验、基础规范培养的课时数、基础能力训练的课时数、创新能力培养的课时数。

（四）实验教学队伍建设模式

先进的虚拟仿真实验教学中心应该重视教师队伍建设，重视培训以及与科研、企事业单位的交流，形成由高水平教授负责、教学科研能力强、热爱实验教学并且结构合理的实验教学团队。在本评价指标体系中将实验教学队伍建设模式划分为四个二级指标：

①重视实验教学队伍规划与建设，制定了相应政策和有效措施，能鼓励高水平教师投入实验教学工作。

②建设成实验教学与理论教学队伍互通，教学、科研、技术兼容，核心骨干相对稳定，年龄、职称、知识、能力、素质结构合理的实验教学团队，形成动态平衡。

③重视实验教学中心主任的选拔和使用，人员培养培训力度大，与有关部门、科研院所、行业企业人员交流的途径多，参与国内外同行交流广泛。

④实现由学术带头人或高水平教授负责和管理，热爱实验教学，教育理念先进，教学科研能力强，信息技术水平高，实践经验丰富，教风优良，治学严谨，勇于探索和创新的实验教学队伍。

上述四条二级指标包含了实验教学队伍建设模式的各个方面。

分析第一条二级指标，可以由以下几个方面来体现：中心实验教学队伍规划、中心规划教师总数、中心规划专职教师数、中心规划专职人员中正高级，副高级，中级及以下比例、中心规划专职人员中博士，硕士，学士及以下比例、中心规划专职人员中年龄50以上，35~50，35以下比例、实验教学队伍建设措施、是否有鼓励高水平教师参与实验教学的激励政策和措施、是否有实验教学中心专职队伍管理规范。

分析第二条二级指标，可以由以下几个方面来体现：教研中心教师转为实验中心教师的数量、实验中心教师转为教研中心教师的数量、教师总人数、核心骨干教师人数及变化、专职教师数、兼职教师数、中心建设、技术支持和运维总人数、信息技术人员人数、专职人员中正高级，副高级，中级及以下比例、专职人员中博士，硕士，学士及以下比例、专职人员中年龄50以上，35~50，35以下比例。

分析第三条二级指标，可以由以下几个方面来体现：有实验教学中心主任的选拔和使用制度、有实验教学队伍培养制度、人员培训次数、青年教师培养计划、已培养的青年教师数、与有关部门交流的次数、与科研院所交流的次数、与行业企业人员交流的次数、参与国外交流人次、参与国内交流人次。

分析第四条二级指标，可以由以下几个方面来体现：中心负责人职称、中心负责人学历、中心负责人教龄、中心负责人实验教学水平、中心负责人理论教学水平、中心负责人管理水平、中心负责人承担的省级及以上教研项目数、中心负责人承担的省级及以上科研项目数、中心负责人获得的省级及以上教研奖励数、中心负责人获得的省级及以上科研奖励数、中心负责人获得省级以上精品课程数、中心负责人核心期刊发表论文数、中心负责人专利数、中心负责人自编教材数、中心教师平均教龄、中心教师获得优秀教师等称号数、中心教师承担的省级及以上教研项目数、中心教师承担的省级及以上科研项目数、中心教师获得的省级及以上教研奖励数、中心教师获得的省级及以上科研奖励数、中心教师获得省级以上精品课程数、中心教师核心期刊发表论文数、中心教师自编出版实验教材数、中心教师获专利数、中心教师指导学生获得省级及以上奖励数、教学事故数、迟到早退总次数、学生评价的优秀教师率。

（五）仪器设备配置和安全环境

虚拟仿真实验教学中心建设先进的仪器设备配置和安全环境应符合教学要求，具备专业特色，满足人才培养需求，同时，仪器维护保障充分，经常组织安全教育与培训，开展实验教学文化建设活动。在本评价指标体系中将仪器设备配置和安全环境划分为四个二级指标：

①实验仪器设备与实验室配置符合教学要求，品质精良，组合优化，数量充足，改进、自制仪器设备有特色，体现专业特色，适应科技、工程和社会应用实践的变化与发展，满足人才培养需求。

②实验教学资源及仪器设备使用效益高，运行维护保障充分，设备完好。

③环境、安全、环保符合国家规范，经常性组织师生安全教育和培训。

④开展体现学科专业实验教学特点和学校特色的实验教学文化建设。

以上四条二级指标包含了仪器设备配置和安全环境的各个方面。

分析第一条二级指标，可以由以下几个方面来体现：仪器设备总数（当前数）、新增仪器设备数、贵重仪器数、设备总价值、自制仪器设备种类、改进，自制仪器设备特色、实验室面积、实验室个数、布局科学合理、实验室管理实现智能化、实验室设计，设施，环境体现以人为本、专业特色、仪器设备适应科技工程和社会应用实践的变化与发展、是否满足人才培养需求。

分析第二条二级指标，可以由以下几个方面来体现：贵重仪器设备使用机时、贵重仪器设备培训人次、贵重仪器设备服务教研项目数、贵重仪器设备服务科研项目数、改进，自制仪器设备服务课程数、改进，自制仪器设备服务学生总人次改进，自制仪器设备服务实验人时数、中央财政示范中心专项经费、地方示范中心专项经费、学校示范中心专项经费、社会捐赠专项经费、实验室运行经费、实验教学改革立项投入经费、年均仪器设备维护维修经费、年均实验耗材费、生均学时实验耗材费、中心贵重设备故障发生次数、中心设备完好率、有设备运行规范、有设备维护规范、有设备更新规范、有设备管理规范。

分析第三条二级指标，可以由以下几个方面来体现：安全，环保是否严格执行国家标准、应急设施和措施是否完备、具有实验室安全管理机构、具备并落实安全责任机制、具有实验室安全管理制度与规范、具有设备安全操作规范、开展安全检查的次数、开展应急演练的次数、实验危险品采购，存储，操作得当、废弃实验品处置得当、具有专门的处置危险品与废弃物的场所、具有应急预案、接受安全教育的师生人次、安全考核通过率、安全事故次数。

分析第四条二级指标，可以由以下两个方面来体现：组织开展实验教学文化建设的活动次数、参加实验教学文化建设的人次。

（六）实验教学中心建设和管理模式

先进的虚拟仿真实验教学中心应坚持科学的原则，完善教学质量保障体系，利用其他企事业单位的优势构建可持续发展的面向多学科和多专业的实验教学中心。在本评价指标体系中将实验教学中心建设和管理模式划分为四个二级指标：

①坚持科学规划、资源整合、开放共享、高效管理原则，科学规划实验教学中心建设，整合实验教学资源和相关教育资源，建设成面向多学科、多专业的实验教学中心。

②实验教学中心管理体制良好，实施校、院级管理，实行中心主任负责制，中心教育教学资源统筹调配。

③建成有利于学生自主实验、个性化学习的实验环境，评价与保障机制健全，实验教学质量保障体系完善并落实。

④创新对外交流与合作模式，利用科研院所、行业企业人才和技术优势，培育成校内外互惠互利、开放共享、可持续发展的实践育人条件。

上述四条二级指标包含了实验教学中心建设和管理模式的各个方面。

分析第一条指标，可以由以下几个方面来体现：是否坚持科学规划，资源整合，开放共享，高效管理原则、实验教学中心建设理念、实验教学中心建设规划、实验教学资源和相关教育资源整合情况、中心面向的学科数、中心面向的专业数。

分析第二条指标，可以由以下几个方面来体现：是否校院两级管理、是否有实验教学中心主任负责制、是否有中心管理体系、中心管理制度是否健全。

分析第三条指标，可以由以下几个方面来体现：实验室面向学生的开放程度、学生对实验环境的评价、有实验教学评价办法、有教学考核规范、有教学评价规范、有教学反馈机制、有经费保障制度、实验教学质量保障体系完善。

分析第四条指标，可以由以下几个方面来体现：对外交流模式、对外合作模式、利用科研院所、行业企业人才和技术优势的方式、校内外互惠互利、可持续发展的合作模式、校企合作开发的虚拟仿真实验项目数目、校企合作培养的学生数、毕业进入合作企业工作的学生数、校企合作建设的实验室数目、资源共享收益、校企合作的科研成果数、科研成果转化的课程数、科研成果的转化率。

（七）实验教学信息化水平

先进的虚拟仿真实验教学中心应加强信息技术应用，实现资源的高效利用和开放共享。在本评价指标体系中将实验教学信息化水平划分为四个二级指标：

①信息技术与实验教学深度融合，信息技术在实验教学过程中广泛应用，实现网上

辅助教学和网络化、智能化管理。

②具有丰富的普通实验教学、研究性实验教学和虚拟仿真实验教学等信息化实验教学资源。

③建成统一的实验教学中心信息管理平台，实现课程管理、师生交流、教学评价的信息化，实现实验内容、空间、时间、人员、仪器设备等的高效利用和开放共享。

④提高实验教学队伍应用信息技术的能力。

上述四条二级指标包含了实验教学信息化水平的各个方面。

分析第一条二级指标，可以由以下几个方面体现：服务器现存储容量、服务器存储容量是否可扩充、可扩充上限值、有网络化实验教学系统软件、有实验室管理信息系统软件、有网上辅助教学、有网络化管理、有智能化管理、有网络防病毒功能、有信息过滤功能、有入侵检测功能、有用户身份管理系统、有用户身份认证系统、有用户计费系统。

分析第二条二级指标，可以由以下几个方面体现：典型虚拟仿真实验总数量、真实实验无法开展或高危险的实验教学项目数、大型，综合的虚拟实训资源项目数、成本高，资源消耗大，污染严重的实验教学资源项目数、其他虚拟仿真实验教学资源项目数、演示型实验数、配置型实验数、设计型实验数、实验配套训练题目数量、实验讲解录像时长（分钟）、实验答疑库问题的数量、资源方共享的法律可行性（知识产权情况）。

分析第三条二级指标，可以由以下几个方面体现：有统一的实验教学中心信息管理平台、具有课程管理功能、具有教学评价功能、具有信息发布功能、具有数据收集分析功能、具有师生互动交流功能、具有成绩评定功能、具有成果展示功能、资源开放共享的技术可行性、资源开放共享的经济可行性、服务本校学生时数、贵重实验仪器设备推广应用的高校数、服务外校总人时数、服务社会总人时数、下一学年计划服务本校学生时数、下一学年计划服务本校学生数、下一步计划典型虚拟实验推广应用的高校数、下一步计划虚拟实验仪器设备推广应用的高校数、下一步计划贵重实验仪器设备推广应用的高校数、下一学年计划服务外校总人时数、下一学年计划服务社会人时数。

分析第四条二级指标，可以由以下几个方面体现：信息技术培训计划、信息技术培训人次、信息技术培训考试通过率。

（八）建设成果与示范作用

先进的虚拟仿真实验教学中心应该特色鲜明，实验教学效果显著，学生学习效果好。在本评价指标体系中将建设成果与示范作用划分为四个二级指标。

①实验教学中心特色鲜明。

②教学覆盖面广，实验开出率，实验教学效果显著，建设成果丰富，正式发表的高水平实验教学论文多，有获省部级以上奖的项目、课程、教材，受益面广。

③学生实验兴趣浓厚，对实验教学评价总体优良，自主学习能力增强，实践创新能

力提高，实验创新成果多，学生有正式发表的论文或省部级以上竞赛奖等。

④发挥了良好的示范和辐射作用。

上述四条二级指标包含了建设成果与示范作用的各个方面。

分析第一条二级指标，可以由以下几个方面体现：专业特色、区域特色、学科特色、其他特色。

分析第二条二级指标，可以由以下几个方面体现：实验项目总数、设置的实验课程数、服务学生人数、实验开出率、教师获得省部级优秀教师等称号数、教师获得的省级及以上教研奖励数、教师获得的省级及以上科研奖励数、教师核心期刊发表论文数、教师获得省级以上优秀实验教材数。

分析第三条二级指标，可以由以下几个方面体现：指导学生发表的论文数、指导学生获省部级及以上竞赛奖项数、指导学生获专利数、学生对实验教学的评价。

分析第四条二级指标，可以由以下几个方面体现：自主开发实验项目推广应用的高校数、实验教材推广应用的高校数、典型虚拟实验推广应用的高校数、自制实验仪器设备推广应用的高校数、开发实验教学与管理软件推广应用的高校数、承办国内交流（参与人次）、承办国际交流（参与人次）、接待外校参观访问人数（人次）、接待国（境）外参观访问人数（人次）、仪器设备服务其他高校学生总数（人次）、虚拟实验服务其他高校学生总数（人次）、政府主管部门委托培训总量（人次）、为社会行业服务的其他培训总量（人次）。

第四章　企业经营仿真系统在实践教学中的应用优势

第一节　加强实践教学

在企业经营仿真系统课程中，学生扮演总经理以及生产、营销、财务、人力资源等部门的高级管理人员，根据现代企业管理知识，对自己公司每年的经营做出一系列决策，与其他虚拟公司竞争。所做的决策涉及企业发展的各个方面，其中还穿插金融、贸易、期货、投资、电子商务等众多学科的知识点，最大限度地模拟一个公司在国际化市场竞争条件下的真实运作状况。通过企业经营仿真系统课程的学习，不仅能够增强学生对企业运作的感性认识，还能够克服传统教学模式理论与实践脱节的问题，加强学生的实践能力。

一、建构主义理论视角下的虚拟仿真教学

（一）虚拟仿真教学环境下的认知特点

在虚拟仿真教学环境下，学习者对于知识的认知过程会展现出与传统课堂教学中不同的特点，这主要体现在感官层面的情境性与心理层面的游戏性两个方面。

首先从感官层面来看，在传统课堂中，教师主要通过文字、图片、讲解等方式帮助学习者对知识进行获取和理解。学习者在这种情况下受到的感官刺激较为单一，且常常因脱离现实情境而难以在自己的知识体系中完成建构。针对这一问题，相关研究提出了"情境化教学"的理念，即通过调动适当的学习资源建立学习情境使学习者形成情境感知，进而增强学习效果。情境化教学理念认为，学习不能与行动相分离，当学习者处于情境中获得知识和技能并用其应用与规则来解决问题时，有效地学习才能发生。借助仿真教学平台，情境化教学可以在一定程度上摆脱传统课堂的诸多客观限制，使其教学效果得到显著提升。

仿真技术为学习者提供了一种虚拟空间，并模拟现实空间中的客体与学习者进行交互，完成学习情境的构建。在虚拟情境中，学习者通过直接对环境进行接触与互动来决定自身的行动，而不仅是根据内心对世界的表征符号来行动。如此一来，学习者在仿真学习时会保持对情境的反思，处于逻辑与感知双重临场的状态。当需要处理不同情境中

的具体问题时，学习者必须进行反思并寻找解决问题的新方法，以便使特定情境下的行动得以继续，这个过程可以帮助学习者在学习理论知识的基础上及时对知识进行有效应用，进而完成知识建构。

从心理层面来看，虚拟仿真教学平台多采用游戏化设计来提升认知效果。游戏化学习具体是指在教学设计过程中，就培养目标与发展、评价手段以及学习者心理特征与教学策略等方面借鉴游戏，从而使学习者在游戏中获得知识、提高技能。近年来，游戏对于促进认知能力发展的功能也被基于脑科学方法的一系列研究证实，而仿真系统则是实践游戏化教学的良好平台。

虚拟仿真教学平台中的游戏化设计在学习者的认知过程中需要体现出两方面的作用。一方面，游戏化的仿真设计可以以较为活泼生动的方式有效引起学习兴趣。教师可以根据学习者对游戏天生爱好的心理和对新鲜互动媒体的好奇心，将游戏作为与学习者沟通的平台，使信息传递的过程更加生动，从而脱离传统的单向说教模式，将互动元素引入沟通环节中，让学习者在轻松、愉快、积极的环境下进行学习。这个过程将帮助学习者从被动学习转变为主动学习，让学习者真正成为学习活动的主体。另一方面，游戏化设计可以通过设定目标来推进学习者的认知进程，合理的目标设定可以帮助学习者进入"心流"的状态，从而达到更好的学习效果。心流（Flow）的概念最早是由著名心理学家Csikszentmihalyi 于 20 世纪 60 年代提出，它是指学习者在技能与挑战相匹配的情况下形成精神的沉浸状态。心流主要表现为注意力高度集中、感觉时间飞逝、心情愉悦等，这种体验能有效减少人在虚拟网络环境下出现的被孤立和被隔绝的感觉，从而激励人们重复参与某种活动并产生更好的经验、知识获取的效果。心流的产生需要仿真教学平台持续为学习者提供非常明确的目标、与其能力相匹配的挑战以及有效及时的反馈。情绪是影响学习结果的重要因素，适合的目标设定能够唤起学习者一定的情绪反应，积极的情绪有助于帮助心流的形成，提升仿真教学过程中学习者的学习效果和效率，而挑战与反馈则可以帮助学习者进一步提升注意力，促进学习者心流状态的获取与维持。

在进行虚拟仿真教学平台中知识建构过程分析以及教学内容设计时，要充分考虑到仿真环境下学习者在感知和心理层面的认知特点，以更好地把握和引导学习者达成相应的学习目标。

（二）虚拟仿真教学环境下的知识建构过程

传统课堂教学的基本模式，是教师按固定的时间表在固定教学场所中同时对几十名学生进行教学，这是长期以来被广泛使用的教学模式。这样的模式在教学场所、教师资源相对有限的条件下保证了较高的教学工作效率，使教学能有计划、有组织地进行。但随着教育信息技术的快速发展和社会对创造型人才、个性化人才的迫切需求，传统课堂的固有问题开始逐渐显现。一方面，课堂教学中的知识传授形式有限，只能通过阅读、讲解、音视频展示等方式推动学生对知识的理解与吸收，学生的学习始终处于被动状态，学生缺少自主探索、合作交流、独立获取知识的机会；另一方面，传统课堂教学仅能够通过考试、作业等单一方式对学生的学习效果进行评价与检验，并不能充分、客观地体现学生的学习效果，且过于注重结果的终结性评价而忽视了对过程的评价。

在建构主义理论视角下，学习者是信息加工的主体，是意义的主动建构者，而不应成为外部刺激的被动接受者和被灌输的对象，而主动建构的过程需要其在适当的情境下进行尝试与探索来完成。传统课堂教学中，课堂传授环节帮助学生完成了知识的记忆与初步理解，但是缺少了实践建构的过程；课后考核的对象一般为知识点记忆或固定类型问题的解决，无法考核知识的最终建构效果。

虚拟仿真教学由于具有情境性、游戏性等特征，能够很大程度上弥补传统课堂教学的问题，为建构主义的有效实施提供了可能性。一方面，仿真技术可以在虚拟空间中营造更加生动的学习情境，提升学习者的学习主动性及知识获取效率；另一方面，仿真技术可以帮助学习者摆脱时间与空间的限制，在虚拟情境中对所学的知识进行探索与实践，并在这个过程中完成知识建构，确保学习者在学习过程中的主体地位。综合以上两点，虚拟仿真教学平台能够让学习者"知"的过程更生动，并且创造"行"的虚拟空间，实现"知行合一"的知识建构过程。

在"知"的环节里，结合了虚拟仿真教学平台中情境性与游戏性的认知特点，本研究参考了电子游戏领域中"任务"的设定，采用任务引导的模式帮助学习者完成知识的初步建构。具体而言，任务引导的学习模式首先需要在仿真环境中设置一定的任务背景，之后在学习者根据任务提示不断执行下一步操作的过程中完成课程知识的传达。

引导任务包含任务背景及学习者需要完成的一系列流程。任务引导的学习模式一方面可以确保学习者在学习的过程中始终具有明确的目标，进而在仿真学习环境内有目的地进行探索学习。另一方面，以引导任务作为载体，可以运用多种技术手段向学习者充分、高效地传达课程知识。具体而言，虚拟仿真教学平台中的引导任务具体可通过以下几种形式帮助学习者进行知识建构。

1. 场景元素互动

在仿真学习平台构建的虚拟空间中，可以设置形式多样的交互元素模拟学习者的实物操作行为，使学习过程更加生动、认知更加直观。在学习过程中学习者接收、记忆、掌握知识都可以第一时间得到场景中相应元素的反馈，达到传统教学中"手把手"才能达到的效果。场景元素互动具体可以有多种表现形式，尤其适合向学习者传递技能型知识。技能性知识的传达是传统课堂最薄弱的环节之一，具体是指经过大量的实践活动之后，如何使用所获得的知识去熟练地处理问题或应对情境变化的某种特殊能力所表现出来的知识。仿真学习平台可以使用虚拟仿真技术，帮助学习者在虚拟空间中获取技能性知识，如在工程实践相关学科中可以对工程器械进行 3D 建模，使学习者可以利用平台进行虚拟仪器操作和动手搭建并配置实验系统，降低实验门槛并有效提升了实验的安全性。

而对于经管类学科，可以采用虚拟表单交互等方式，帮助学习者了解企业中的基本业务流程。

2. 图文、音视频

过往的教育学研究发现，"文字＋图像"的信息处理既有利于对知识的理解，也有利于对知识的记忆。在仿真学习平台中，图文、音视频同样可以成为重要的教学辅助工具。相比于传统课堂中学生被动获取教师提供的多媒体信息，仿真学习平台一方面可以将获取图文、音视频信息的主动权交还给学生，由学生自由操控图文与音视频的展示时长与播放进度，从而达到更好的学习效果。另一方面，仿真环境可以为图文、音视频信息提供更多元的展示方式，如在其中加入互动操作或选项等。

3. 虚拟人物对话

场景元素互动和图文、音视频在任务引导学习中需要处于合适的情境，同时需要将学习者充分代入情境，这样才可以充分发挥对学习者认知的推动作用。而合理的文字性引导，尤其是人物对话，是创设任务情境的关键要素。仿真平台中的引导任务需要明确、合理地向学习者传达任务的背景（如时间、地点、人物），以及学习者需要进行的一系列行为（需要做什么？为什么要这么做？如何完成这些任务？）。这些信息一般无法站在"上帝视角"直接全部以"任务背景"的形式事先告知学习者，而往往要借仿真空间中虚拟角色（NPC）之口，以对话交流的方式向学习者进行传达。此外，在人物对话的推进过程中还可以辅助性地穿插选择性问答等元素，进一步提升学习者的专注度，激发学习者的思考，提升学习效果。

4. 反馈机制

及时而有效的反馈是游戏化设计的基本要素之一。对自己的表现缺乏控制感与认知感会造成紧张或无力的体验，因此在电子游戏中，玩家需要通过点数、得分、进度条等反馈机制来理解自己的表现。此外，成就解锁、排行榜上榜等外在反馈可以在一定程度上激励游戏玩家进行较为重复的活动，用成就感取代其中的枯燥体验。反馈机制在仿真学习平台中的应用主要体现在两个方面。其一，任务过程中的反馈，这能够让学习者对于自身达成的目标的判断与当前游戏化学习任务的完成进度有着实时的认识，起到对学习者学习行为的持续强化作用。如在学习者进行引导任务的过程中，可以采用进度条等方式帮助学习者明确在本任务中的实际进度；对于学习者的优秀表现，如在无试错的情况下正确完成了场景元件交互等，可以追加设计额外的鼓励性反馈。其二，整体学习进度的反馈。由于仿真学习平台的任务引导学习阶段是以任务为学习单位的，因此在每个任务完成时，都应当给予学习者足够清晰、明确且能够激发学生成就感的反馈，如较大的"完成"字样以及其他光效、音效等，或使用学习路线图等方式帮助学生认知其整体学习进度。

综上所述，任务引导学习解决的是知识初步传达的问题，而"学习过""了解过"某个知识点，并不是教学的根本目标。学生知识的最终建构需要结合这些知识进行相应的实践，即达到"融会贯通"的效果。研究指出，对于经验不足或能力较弱的学生，在初次传达知识后若不及时提供强有力的学习支持，将会对知识的掌握造成重大的损失，造成学生学后所知甚少的情况。因此，为了更好地提升学习效果，虚拟仿真教学平台应当为学生提供将知识应用于实践的机会，即"行"的学习认知过程。

二、基于多层次虚拟仿真训练的实践教学

随着我国社会经济的发展，制造业与服务业广泛协同，服务外包等新兴产业开始兴起，信息化与工业化开始融合，现代企业的经济管理活动变得越来越复杂与综合，先进的经营模式不断创新，对经管类人才的素质与能力提出了更高的要求，对于应用型、复合型、开放型、创新型人才需求日益加大。

（一）经管类专业实践教学模式的困境

在探索经管类专业人才培养模式的过程中，采用何种教学模式来提升经管类专业学生的综合技能一直以来是令人困扰的问题。从理论上讲，校外企业实习模式是培养学生技能的最有效途径，但在多年教学实践中发现，校外企业实习模式中校、企、生三方的目标与现实均有较大的差距。

首先，从企业来看，他们认为实习学生的岗位知识、技能和经验都不足以履行管理岗位的职责，如果安排学生从事管理岗位工作很有可能会出现工作失误，给企业带来重大损失，同时企业基于商业机密的原因，也不愿意安排短期实习的学生担任管理岗位。

其次，从实习学生来看，他们对实习的收入有较高的期望值，希望可以自由选择实习单位并能从事专业对口的管理岗位工作。

最后，从学校来看，由于企业的保密和风险动因导致企业不想主动接纳学生实习，学生进行实习的兴趣和热情并不高，甚至出现抵触情绪，让学校推进校外企业实习的模式存在种种困难。

由于上述校、企、生的困境导致很多学校的经管类专业难以把校外企业实习的模式继续推进下去。部分企业因为面临用工荒的问题，从学校招进大量学生从事一线工作，由于只是从事简单重复的工作，专业不对口，这不仅打击了学生的实习信心，对于提升专业技能的目标也难以达成。

（二）实践教学模式创新的原则与流程

1.经管类专业实践教学模式创新的原则

经管类专业以学生就业与创业为导向，以能力与应用为核心，注重知识、能力、素质的协调发展和共同提高，为此其实践教学模式的创新应遵循以下原则。

（1）适应需求原则

实践能力的培养一定要与人才培养目标的要求相符，从行业标准、企业需求等方面

考虑，设置经管类专业的实践课程，有效训练学生的核心能力，满足用人单位需求的同时实现充分就业。

（2）能力导向原则

经管类专业的实践能力培养应包括基础专业能力、专业技术能力和职业能力三个层次。职业能力包括分析解决问题的能力、分析决策能力、人际交往能力、创新创业能力和复合能力等，创新实践教学模式时需要考虑学生综合能力的训练和提升。

（3）素质导向原则

企业对经管类专业毕业生的素质要求越来越高，他们不仅要求学生具有较强动手能力、吃苦耐劳的精神、对企业具有较高忠诚度、具有创业意识和团队精神，还要求学生有过人的心理素质和活跃敏捷的思维。实践教学课程应在提升学生能力的同时兼顾学生综合素质的提升。

（4）学生主体原则

教学过程是"教"与"学"的互动过程。实践教学更注重学生的"学"，所以实践教学模式的创新必须高度重视学生的实际需求和现有水平，在教学过程中充分调动学生的学习积极性，使学生最有效、最投入地学习。

（5）前瞻性导向原则

现代经济业务和技术发展是日新月异的，这要求经管类专业的教育也要不断更新改进，尤其是实践教学模式的创新，不但要与时俱进，适应社会和科技的发展，更要有一定的前瞻性和先进性，以使经管类专业人才的培养不仅能符合当前需要，更能满足未来发展的需要。

2. 经管类专业实践教学模式创新的流程

经管类专业实践教学模式创新应从企业对人才的需求出发，首先要到企业进行实地调研，根据毕业生就业对口的岗位，提炼出专业的核心技能，并构建创新的实践教学模式，选取针对性的课程来培养学生的技术技能。实训完成后，学生具备了所需的专业能力和职业能力，再安排到实习企业的对应岗位，建立并固化学生的综合能力，同时，根据用人单位的反馈意见优化实践教学的课程。

（三）仿真技术及其在技能训练中的应用

仿真技术是一门多学科的综合性技术，它以控制论、系统论、相似原理和信息技术为基础，以计算机和专用设备为工具，利用系统模型对实际的或设想的系统进行动态试验。仿真技术广泛应用于现实经济生活中直接进行实验难以实现或风险成本过高的领域。

1. 仿真技术的层次

仿真技术分为模拟层、一般仿真和虚拟现实仿真层。模拟是对真实事物的虚拟，是对真实事物进行近似简化和假设后，利用模型抽象再现真实事物发展的过程和结果。一般仿真会尽可能做到全方位的模拟，而且力求逼真，可以做到将原型或模仿对象取而代之的程度。仿真比模拟更具体，更接近实际。虚拟现实仿真是多维仿真，利用计算机系统和相关设备创建并体验虚拟世界，人们可以在这个虚拟世界中像真实环境一样发生交互作用，达到以假乱真的效果，是仿真技术的最高层级。

2. 仿真技术技能训练领域的广泛应用

近年来，随着信息处理技术和网络技术的发展，将先进的仿真技术与网络技术相结合，由真实装备和计算机仿真系统综合仿真系统组成仿真环境，已经可以构建与现实世界完全一致的环境和发生机制，并广泛应用于建筑、教育培训、医疗、军事模拟、科学和金融等领域，包括军事模拟演习、战术仿真训练、仿真飞行训练、模拟解剖和仿真护理等。

（四）基于多层次虚拟仿真的实践教学模式的构建

1. 经管类专业对口岗位的工作成果和核心技能

通过对企业的调研，发现经管类专业毕业生能胜任不同类型企业的管理工作，他们一般都不直接生产"最终消费产品"，而在生产不同"最终消费产品"的企业中，同类管理岗位需要的核心管理技能基本一致。为此本文提出创新性观点：经管类专业学生面向的管理岗位并不直接生产某一特定"最终消费产品"，管理岗位的成果是管理工作中完成的制度、表单、报告、账簿等"有形成果"，管理岗位的"无形成果"是企业部门的效益指标，如表4-1所示。

表4-1 经管类各专业的工作成果和核心技能

专业	有形成果	无形成果	核心技能
会计	会计凭证、账簿、会计报表等	资金利用率、投资收益等	会计核算能力、审计能力、财务管理能力
市场营销	营销策划方案、调研报告、销售合同等	市场占有率、市场增长率销售收入、客户满意度等	销售计划制订能力、市场预测能力、客户管理能力
物流管理	运输计划、采购计划、物流服务方案、采购合同、运输合同等	采购成本、准时交货率、合同完成率	计划能力、合同执行力、运输调度能力、采购管理能力
工商企业管理	计划书、报告报表、工作制度、人力资源规划等	企业盈利能力、企业生产	计划能力、人力资源管理能力、生产管理能力

2. 经管类专业多层次虚拟仿真实践教学模式

经管类专业虚拟仿真实践教学模式是运用现代教育技术构建仿真的商业环境，生产虚拟的最终消费产品，并让学生扮演管理岗位的工作，按照企业的工作流程完成虚拟现实的任务，填制真实的表单，获得经营企业的有形成果和无形成果，最终达到有效提升学生管理技能的目标。但是仅简单模拟训练会因为缺乏企业场景氛围而难以训练学生的综合素质和能力。单一的仿真实训课程，只能训练学生单方面能力，如果直接进虚拟现实仿真综合训练，学生又难以接受复杂的企业运作过程。为此，构建了基于多层次虚拟仿真的实践教学模式，如表4-2所示。

表 4-2　基于多层次虚拟仿真的实践教学模式

层次	年级	主要特点	训练目标	对应课程
模拟训练	一年级	把企业运作过程抽象为简单模型，工作流程和工作任务进行了一定的简化	培养学生专业基本素养和基础技能	企业经营沙盘模拟训练
一般仿真训练	二年级	单一专业环境的模拟，而且力求逼真，仿真任务与真实流程和表单结合	培养学生专业核心技能	对应专业仿真课程
虚拟现实仿真训练	三年级	虚拟现实，与复杂的社会经济环境高度一致，重视组织之间的互动、数据和处理结果与真实商业环境基本一致	培养学生的综合素质和综合技能、让学生成为具有创新创业能力的复合型人才	经管类跨专业虚拟商业环境仿真训练

　　实践教学是职业教育人才培养的重要环节，也是多年来各高校一直在研究和探索的难点。随着计算机技术和互联网技术的进步，虚拟仿真实训已经成为加强实践教学、提高实践教学质量的主要手段之一。多层次虚拟仿真实训教学模式把虚拟仿真训练分成三个层次，这三个层次的虚拟仿真训练是按照仿真技术的层次和学生的认知水平循序渐进的，越来越多研究证明虚拟仿真实践教学模式是提升学生综合能力和职业素养的重要途径之一。

三、典型案例分析

　　以企业管理培训以及高校管理类学科为例，此类教学场景中经常使用企业模拟经营沙盘或企业模拟经营电子沙盘进行辅助教学。沙盘演练起源于军事领域，是指在敌我双方正式开战之前使用地形、地貌沙盘模型进行战略部署的一种演练模式，沙盘演练的模式后来被广泛用于企业经营模拟实践。企业经营沙盘是将企业中的各个职能部门进行提炼，并以实物沙盘的方式模拟企业真实的经营活动、模拟企业所有资源。在仿真环境下的企业经营沙盘的实践中，学习者需要进行分工协作，通过计划、决策、控制与经营业绩评估等手段对企业资源进行系统化管理，以实现资源的优化配置，实现企业经营上的成功。这样的实践过程有助于学习者熟悉企业经营流程和提高分析决策能力，也可以充分锻炼其动手、体验和想象的能力。

　　实物沙盘在教学实践中不仅对教学用具与设施有一定的要求，对设施、场地、参与人数也都有一定的要求，并且需要较大量的前期准备工作和实施过程中的辅助与维护工作。因此，虚拟仿真沙盘开始在国内教学实践中出现并投入使用。在虚拟仿真环境下，市场、资金等外部环节可以由系统自动配置，在一定程度上降低了教师在实践教学过程中的运营压力。此外，仿真企业经营沙盘可以更充分地模拟市场的随机性，使其更加贴近现实，为学习者提供更多的决策空间。一个较为完整的 ERP 仿真学习经营实践平台如表 4-3 所示。

表 4-3　ERP 仿真学习经营实践主要职能介绍

职能中心	主要职能	职能说明
人力资源中心	员工招聘与辞退	员工包括负责市场、研发、生产等工作的 NPC 角色
财务中心	银行借贷	包括创业贷款、短期贷款、长期贷款等，资金链断裂，则本轮经营实践结束
研发中心	产品研发	经营实践初始仅有 1~2 种产品，更高利润的产品需要进行一定周期的研发
	证书申请	产品证书进入较高端市场所需要的门槛，需要较长的研发周期
市场中心	市场调研	通过市场调研可以提前洞悉未来的市场需求，进而更合理地进行生产计划
	市场开拓	开拓市场可以打开产品的需求量，并有机会获得更高的利润
	订单获取	订单是企业收回成本获取利润的关键，订单的数量、金额、付款周期等由市场与产品种类决定，并会在一定范围内浮动
采购中心	供应商管理	不同的供应商供应原料的种类、价格、数量，可以通过与供应商维护较好的关系来获取较低的价格和优先供货等
生产中心	生产设备管理	经营实践中有多种不同设备，设备的生产能力、购置成本各有不同
	生产计划管理	生产中心需要根据订单、原料供应与生产能力进行合理的生产计划
库存中心	入库、出库	库存中心主要负责原料与产品的出入库工作，模拟企业的仓库有一定的库存限制，且产品与原料有一定的库存成本

在企业经营沙盘等形式的仿真实践中，学习者可以将企业业务知识与管理学等学科知识投入实践，在不同的仿真业务情境中尝试解决具体问题，完成理论知识的最终建构。因此，为了充分发挥仿真技术在教学当中的优势，帮助学习者达成更好的知识建构效果，虚拟仿真教学平台应有效结合"知""行"两种仿真教学方式，即首先通过引导任务等方式将知识内容传递给学习者，之后针对相应的知识内容为学习者提供将知识应用于实践的仿真情境。

结合以上分析，虚拟仿真教学平台中学习者整体学习流程如图 4-1 所示。学习者在获取学习目标后，根据教师或平台运营团队的教学计划分别进行仿真引导任务学习和仿真实践学习，并在完成学习计划后获取学习效果评价。

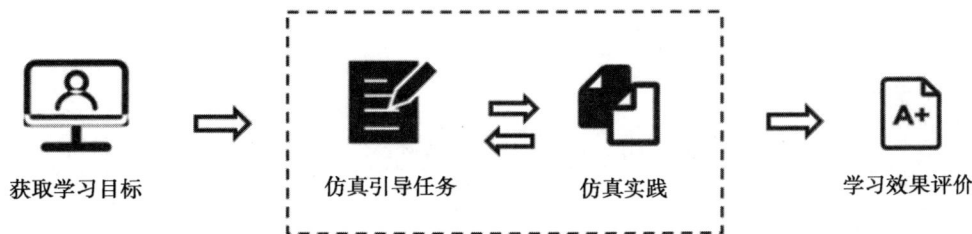

获取学习目标　　仿真引导任务　　仿真实践　　学习效果评价

图 4-1　虚拟仿真教学平台整体学习流程

这样的知识建构过程及学习流程为平台运营提出了诸多挑战。除仿真教学中长期存在的内容固定、难以满足个性化需求外，学习者在进行引导任务与仿真实践学习的过程中还需要更多人力与其他资源的支持。

第二节　培养综合学科应用能力

一、供应链运营能力

随着虚拟技术的成熟，越来越多的人认识到将虚拟技术应用到实践教学中的价值。目前，在行业技能人才选拔、高校实践教学、各项学科竞赛中随处可见虚拟仿真技术的应用。通过分组形式模拟企业竞争环境，结合企业运营和经营数据编写案例，可以有效地实现案例教学与虚拟仿真实训的紧密融合。

（一）供应链下虚拟企业运营实践

系统仿真周期可以分为半年或者一年，以职工组模拟周期半年为例，共分为两个阶段，每个季度分别作为一个阶段。仿真周期为半年的环境下，选手需要独立承担这家蓄电池生产企业的供应链总监、采购/物流/营销/生产经理等不同角色，并且需要采取投标、供应商选择、企业选址建厂、投融资、编制生产需求计划、编制采购计划等一系列措施对虚拟企业进行运营，以实现企业利润的最大化。

1. 案例详情

比赛开始前会有短暂的15min进行企业运营规划，选手可以对市场热图、城市列表、客户资料、供应商资料进行分析。市场热图显示未来6个月市场需求的变化，可以通过两种选项按钮分析，分别是单月显示和累计显示，对应月份会有相应的市场热图显示。城市列表中显示在不同城市建厂的城市参数，涉及地价、劳动力成本系数、劳动力成熟度，以及建设不同类型（大、中、小）的工厂、仓库的建造成本与加工成本测算。客户资料中罗列出了不同客户的需求预测、需求所包含的城市以及客户招标评分标准，选手可以对表格默认排序或按需求量或价格敏感度进行排序。此外，选手可以通过客户设置重要标识，这样在投标需求列表显示过程中，可以给予更加清晰地区分。生产蓄电池需要极板组、电池外壳、电解液三种原材料，在系统仿真下会为每种原料分别提供5家不同的供应商，供应商资料中不同供应商所在的城市、供货价格、最低供货价格、最低首付、欠款额度以及供货能力稍有不同。

2. 竞赛界面

在竞赛界面中分为财务信用、招标中心、原料采购、生产制造、仓储配送等不同板块。

（1）财务信息

在财务信息中，分为净资产和信用等级两个板块。每个选手初始资金都有两千万，选手在净资产板块中可以迅速了解到自身模拟企业的账户资金、固定资产加货值以及负债情况。信用评价板块中可以查阅模拟企业的信用评分的明细以及企业的信用评价，不同信用评级会影响到后期贷款利率大小。

（2）招标中心

招标中心中会提供未来 10 天内市场的招标清单，选手可以自由选择投标。招标清单中详细提供了所在城市客户的招标数量、首付比、截标日期、要求抵达日期、招标编号以及评分规则。在竞赛的过程中可以通过招标中心分析中标的平均分、中标均价、中标率以及客户分析，基于此信息分析企业运营的中标情况与同一市场下竞争对手的优劣势。在投标过程中，需要结合企业产能以及招标数量等信息进行投标决策，防止出现产能不足，未能及时运送到客户造成违约的情况发生。

（3）原料采购

原材料采购板块中，可以分为供应商管理和工厂采购管理。供应商管理中又进一步分为供应商列表、供货协议、采购应付款模块。在供应商列表中，选手可以与原料供应商签订采购协议，在签订协议过程中可以选择协议有效期、相应的合作类型（独家供应商或战略供应商）、订单相应天数、订单首付比例、月最低供货量，在不同的选择下会有协议总调价幅度。在供货协议中，可以显示使用中的协议或已经过期的协议。

在采购应付款板块中，可以对供应链的原料进行付款，值得注意的是，当超过最大欠款额度时，选手将无法下单。当超出欠款日期后，也会影响后续下单。建完工厂后，在工厂采购管理中将会显示工厂的供货信息，选手可以在此模块中向供应商购买原材料，通过查阅原料的订货提前期合理制订采购计划。

（4）生产制造

选手可以在生产制造板块选择建筑新工厂，建造周期为 7 天。当资金充足时，可以选择建造新工厂或选择升级原有工厂，不同大小、地区工厂的产量、建造运营成本以及产品的合格率会有所不同。

（5）仓储配送

当在中标后，会在未供货订单中显示，选手需要进行产品配送，针对运输距离可以选择公路或者铁路运输，并且不同物流服务商的起运量、运价都有所不同，需要进行分析，选择合适的物流服务商，设计出合理的运输计划。

3. 竞赛看板

在竞赛看板中选手可以看到在同一系统下不同竞争对手的净资产、市场占有率、库存周转率、准时交货率的基本信息。除此之外还可以进行竞赛分析与团队分析。竞赛分析可以分为三个分析维度：市场营销分析、生产采购分析、仓储配送分析。市场营销分析可以分析同期情况下竞争对手的标量以及标价，生产采购分析可以分析同期情况下竞争对手的单位原料成本、单位加工成本、单位流通成本以及单位违约成本。仓储配送分析可以分析同期情况下竞争对手的库存以及配送情况。通过对同期竞赛对手的合理分析，以期更好地对自身企业进行运营决策。团队分析是对自我运营成本的分析，在团队分析中需要详细记录下每天企业的各项费用，包括销售、采购、生产、储运、借款等各项费用支付。

（二）运营策略

结合市场热图、未来招标量以及建设厂房的成本，选择几个备选的选址。在第一季度，市场的需求量通常是需求大于供给，可以在第一阶段尝试扩展市场，初期资金不足时可以采用贷款融资策略。在第二季度开始前会暂停 10min，以便选手们进行下一季度的分析。此时，市场热图会进一步发生变化。投标价格随着竞争的激烈而有所下降，中标率可能有所下滑。这时候可以通过对团队竞争板块进行分析，查看最近其他企业的市场中标价格，对投标价格做相应的调整。

1. 产量扩张

当市场需求增加时，需要扩大自身的产能，产能扩张有两种策略，一种是升级工厂，另外一种是新建工厂。小型工厂的日产能为 600 件，中型工厂的产能为 1200 件，大型工厂的产能为 2400 件。从小型工厂升级为中型工厂与新建一家小型工厂的增加产量是相同的。若位于同一个地区未来将会出现大幅度的需求增加，可以升级工厂或在该区域新建工厂。两者的策略有所不同，因为若此前该家工厂已将工厂抵押，那么升级为中型工厂后，这家工厂在未还清贷款前，是无法对中型工厂进行抵押的，这样可能在短期内会出现资金流断裂的危险。若在同一地区新建一家小型工厂，此时可以将小型工厂拿去抵押，将会降低现金流断流的风险。

2. 融资

在建设有固定资产的前提下，现金流断裂自动放贷总额度为 1500 万元，当资金流发生断流时，系统会自动放贷 500 万元。若系统自动放贷 500 万元后，账户资金依旧小于 0，那么系统会认定企业破产。在放贷完 1 个月内需要归还贷款，未能及时归还将会产生相应利息。当现金流不足时可以采取融资策略，融资策略包含抵押贷款、工厂转让、库内货品抵押贷款三种。贷款申请通常需要 3 天后银行才会自动放贷资金，贷款时间分为 30 天、90 天、180 天三种，贷款利率根据此前积累的信用评分有所调整。以工厂抵押贷款为例，贷款时间到期后，需要及时归还贷款，一旦超出贷款时间 15 天，工厂将会被罚没。当预测到未来一段时间该地区的需求量大幅度下滑时，可以考虑将工厂转让，一旦工厂转让给银行，资产库存将会被清零。库内货品也可以进行抵押，抵押价格通常是按照市场平均价格的 60% 进行估算。

3. 利润提升

提升企业营收利润可以通过增加销售收入和减少成本支出两种策略。减少成本支出可以从采购成本、生产成本、配送成本、贷款利息 4 个方面进行考虑。

（1）采购成本

采购成本降低可以通过以下方式：编制合理的采购计划，减少原料库存堆积成本；在签署采购协议时根据不同采购条款获得优惠价格，当采购量达到一定数量，会在此基础上享受阶梯价格；提升产品合格率，不同地区的劳动力成熟度有所区别，这将会导致产品的合格率有所不同，进一步造成工厂的原料损耗。

（2）生产成本

生产成本降低可以通过扩大生产规模，形成规模效益，降低生产成本；或者在合适的时间内停产，降低工厂固定的开工费用。需要注意的是，当对产能进行调整或停产时，都存在 7 天的冻结期，等冻结期过后才能对产能进行调整。

（3）配送成本

配送成本降低需要对运输计划进行优化。可以根据提供的不同物流服务商选取低运费的服务商；采取就近配送原则，当运输距离较远时，公路运输费用通常比铁路运输费用高，此时可采取铁路运输；减少产品库存堆积量，长时间的库存堆积会产生库存堆积费用，当出现爆仓情况，就会借用到第三方仓库，堆积费用将会是正常库存堆积下的 5 倍；降低违约风险，当产品未能在规定时间将产品运输到客户，会产生违约罚款。

（4）贷款利息

贷款利息会根据系统的信用评级以及贷款天数出现调整。基准利率为 30 天 1.7%，90 天 1.9%，180 天 2.1%。基于信用评级也会造成利率浮动，见表 4-4。

表 4-4 信用评级利率浮动

A1：特优（90~100）	A2：优质（75~90）	B1：良好（60~75）	B2：一般（50~60）	C1：较差（30~50）	C2：很差（0~30）
下降 30%	下降 10%	0%	上升 20%	上升 50%	上升 50%

二、财务管理专业技能

经营类虚拟仿真实验在我国高校开展的形式目前主要以各种软件、平台、沙盘为主，实验教学开设的方式主要以课程为主，再结合实验项目，这样既可以满足独立课程的需要，也可按照单独的实验项目开展。实验平台方面，主要是操作类软件结合实训类、沙盘类软件（如 VBSE、ERP 等）。近年来，基于互联网的在线实验成为主流模式。信息技术日新月异，基于 VR、AR、3D 等开发工具设计的虚拟仿真实验逐渐成为各高校实验项目建设的新趋势。

（一）新形势下对财务管理专业人才能力与素质要求

财务管理专业的人才培养以高素质、强实践能力、实务应用为核心目标，突出对职业能力、创新能力、社会实践能力和综合能力的培养。

1. 基本职业素质要求

该模块主要突出学生基础职业素养和能力的训练，主要包括职业道德素质、身体素质、心理素质、政治素质、学习能力、社会实践能力等。目的就是使学生走上工作岗位后可以拥有正确的价值观，同时能充分挖掘并展现自身潜能与个性。

2. 专业基础能力要求

财务管理是一门多学科交叉的综合性学科，涉及金融、经济、会计、管理等多门学科，主要阐述企业财务管理的基本理论、方法和技术，具有很强的应用性和实践性，因此，财务管理专业实践能力的培养需要多学科多方位的基础能力做支撑。该模块主要为综合应用能力的培养提供基础性的训练，主要包括经济分析、外语应用、计算机应用、信息分析与处理等。

3. 专业能力要求

该模块主要是财务管理专业能力的要求，围绕财务管理的主要内容（投筹资决策、投资决策、运营资本管理、利润分配管理）和财务管理的环节（预测、决策、预算、控制、分析）展开，主要包括会计实务、财务决策、资本管理、投资分析、财务预算、财务分析与绩效评价、财务战略规划、财务制度设计等。

4. 专业综合应用能力要求

该模块主要是通过综合性实训，学生能将理论知识和实际运用相结合，可以跨学科、跨专业的综合运用多门课程、多种知识和技能解决实际问题，主要培养学生综合业务的处理技能和学科综合知识能力。

5. 创新能力要求

该模块主要依托学生社团、各类学术研究中心及实践教学中心，通过开展科技、文化、研究等创新活动，培养学生创造性思维能力、创造性工作能力和创业能力，全方位提升学生独立思考能力，增强学生的综合素质及竞争力。

（二）基于仿真模拟环境下财务管理专业实验教学模式设计

上述五种能力相对应，基于仿真模拟环境下财务管理专业实验教学模式设计为单项型实验、课程综合型实验、专业综合型实验、跨专业综合型实验、创新创业实践 5 个层面，形成一个层次递进、首尾呼应、逻辑合理的实验系统。

1. 单项仿真模拟训练

该模块主要是对学生进行基础能力的实训，一是通过教学仿真案例进行训练，教师从真实企业中提炼出模拟数据，学生通过分组设计、讨论、答辩、竞赛等方式进行训练，重点对学生进行财务基本知识、基本方法、基本理念的训练。二是通过组织学生活动、社团活动、见习、实地考察等方式进行训练，重点是对学习能力、沟通与组织能力、职业道德与礼仪等职业素质进行训练。

2. 课程综合仿真模拟训练

该模块首先对学生的经济分析能力、信息分析与处理能力、计算机应用能力等专业基础能力进行训练，主要的仿真模拟实验有计算机基础实训、管理信息系统模拟实验、SPSS 软件模拟实验等。其次是围绕财务管理内容，即筹资决策、投资决策、运营资本管理、利润分配管理等进行专业能力训练，主要包括金融交易模拟实训、企业及个人理财模拟实训、计算机财务管理模拟实验、企业仿真案例分析等，主要是对学生综合应用财务知识解决问题的能力进行训练。

3. 专业综合仿真模拟训练

该模块主要围绕财务工作的各个环节进行综合训练，主要仿真模拟实验内容有会计手工模拟实验、会计电算化模拟实验、财务信息系统实训、ERP 沙盘模拟经营实验等，主要目标是使学生在模拟环境中，理解企业的经营本质，综合运用财务预测、决策、预算、控制、分析等方面的方法进行企业资金的管控，同时培养学生综合职业素养。

4. 跨专业综合仿真模拟训练

该模块主要培养学生跨学科、跨专业的综合运用多门课程、多种知识和技能解决实际问题的能力，主要的教学环节及训练方法为 ERP 管理系统模拟实验、跨专业模拟实训、综合案例教学、实习等。目前，比较先进、应用较广泛的是用友公司推出的跨专业综合实践教学平台（VBSE），该平台用真实的企业业务、真实的岗位分工、真实的企业管理软件搭建而成，以"岗位"为原点，回归"就业"主题，将知识与实训环境融合，通过经营对抗激发学生兴趣，让学生自我学习，提升综合能力。

5. 创新创业训练

该模块主要培养学生创新能力、创业能力和竞争能力，其主要的教学环节及训练方法为学术科技创新、毕业论文设计、技能拓展、创业实践、学科竞赛。

（三）财务管理类虚拟仿真实验教学现状

当前高校财务管理类虚拟仿真实验教学的主要问题是虚拟和仿真的不对等。比如现在已基本普及的 ERP 沙盘模拟对抗教学，抽象虚拟大部分的经济管理运行环境，但情景仿真度低，学生没有直观感受和情境体验。以 VBSE 为代表的基于情景体验的经管类虚拟仿真实验系统，在一定程度上解决了上述问题。VBSE 即虚拟商业社会环境（Virtual Business Society Environment）综合实训平台，以模拟商业社会环境为出发点，由多个不同专业学生以角色扮演的形式，模拟企业经营管理流程，锻炼学生在不同岗位的职业能力，综合训练学生的实践及创新能力。

（四）开展财务管理类虚拟仿真实验的必要性

财会类专业涉及的财务管理类实验课程包括财务管理、财务分析、财务综合实验等，以及各个课程对应的课内或者独立实验（如会计学原理、财务会计、成本会计、管理会计等），非财会类专业涉及的财务管理类实验课程以财务管理为主。

1.基于"互联网+"的大数据背景下财务管理类实验课程改革的要求

"互联网+教育"的教学模式完全打破时空的局限性，师生可以随时随地展开交流，课堂上也可通过网络进行教学内容的深度扩展，由此达到课内外一体化的教学目的。

财务管理类实验无论是传统的实验模式还是当前的虚拟仿真实验（如ERP、VBSE等），都需要一定的场所，且不能完全由学生独立操作，即无法脱离时空的限制。对于非财会类专业学生而言，实验课时往往不能得到保证，导致学生很难参与到财务管理实验中来，也就不能体验企业财务管理实务。大数据时代，互联网+、云计算、云平台等的应用，可以让不同专业的学生通过计算机和网络即可体验企业真实场景，学生在仿真的场景里，可以虚拟操作各种财务管理活动，处理各项财务管理任务，并进行相应的财务管理决策。

2.不同专业的需求

（1）财会类专业实践需求

财会类学生的实践通常是进入企业的财务或者会计部门，从事相关的工作。但是企业财务部门防范严格，学生即使进入企业实践，也只能走马观花或进行基本操作，完全接触不到企业财务工作的核心内容。鉴于企业实习的局限性和实际困难，在校内让学生通过虚拟仿真实践最大限度地接近企业的实际工作，对促进学生财会理论的掌握和专业技能的培养均具有重大的意义。

（2）非财会类专业需求

经管类专业毕业生就业面向财务会计类岗位、物流类岗位、市场营销类岗位、工商管理类岗位，这些岗位之间工作关系密切，其工作业务、运作流程具有很强的交叉性、协作性、关联性和交互性。

非财会类专业学生虽然毕业之后从事的工作与财务管理和会计无关，但企业内部各个部门都会和财务部门有所关联，为了更好地适应不同岗位顺利开展工作，也必须要了解真实的财务管理工作流程。财务管理虚拟仿真实验能够提高非财会类专业学生的学习兴趣，可以作为自主学习的工具。在自主学习虚拟实验的过程中能够主动发现问题并解决问题，提高学生的动手实践能力。

（五）跨专业财务管理类虚拟仿真实验教学改革思路

由于国内各高校特点不同，经管类专业设置也不尽相同，但都可以划分为财会类和非财会类，非财会类专业的范围不同学校各有侧重。

1.构建虚拟仿真共享实验体系——财务云

综合平台基于虚拟仿真技术和大数据背景，本着服务于教学、提升实验层次、整合实验教学资源、培养高素质人才的总体思路，建立跨专业财务管理云综合实验共享平台（见图4-2，以下简称财务云综合平台），由统一的教学资源平台支撑课堂——案例——实验"三位一体"的教学模式，将平台功能由实验室延伸到课堂教学和案例教学。

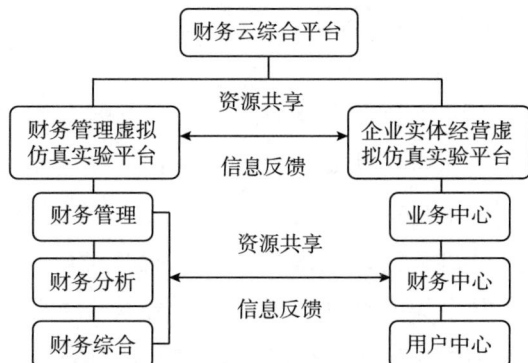

图 4-2　跨专业财务管理云综合实验共享平台

　　跨专业财务管理共享平台的构建既要考虑财会类专业需求，又要兼顾非经管类其他专业需求，做到关联性和独立性。平台分为两部分内容，对应财会类和非财会类学生的不同需求，分别为财务管理虚拟仿真实验平台和企业实体经营虚拟仿真实验平台。财务管理虚拟仿真实验平台涵盖财会类专业财务管理实验的主要内容，并依据学生层次、课程安排和教学计划不同，划分为财务管理、财务分析、财务综合三个板块；企业实体经营虚拟仿真实验平台设置业务中心、财务中心和用户中心三大板块，其中：业务中心按照企业价值创造的过程驱动业务数据，交由财务中心处理，财务中心涵盖投资、筹资、预算、核算、税务等岗位职能体系，学生使用岗位工具处理业务中心分配的业务数据，处理结果传递至用户中心，用户中心根据处理效果对学生进行岗位能力认定。

　　财务云综合平台的企业数据采用上市公司行业类别划分，按照不同行业特点设置企业案例，财务管理和实体经营两个平台共享企业数据，兼具独立性和关联性。独立性体现在，所有模块均可以根据不同的课程单独开设，而关联性在于两个平台以及下设各模块之间保持互动关系。财务管理活动影响企业实体经营的效果，反之亦然；实体经营下设的财务中心对应财务管理的三大板块，财会类学生在财务管理、财务分析、财务综合等板块进行企业理财活动的具体任务，其结果反馈给非财会类学生，后者在财务中心体验企业财务管理的全部流程。

　　2. 财务云综合平台的特点和应用效果

　　（1）运用信息技术开展实验教学

　　财务云综合平台的构建符合移动互联网、云技术和大数据应用的时代变化，通过云端资源将海量真实数据变成教学资源。首先，所有企业的数据都与各财经网站和数据库形成互通，平台上的数据保持动态更新（学生可按照不同行业类别选择企业，也可由教师选定企业），从最大程度上模拟企业经营环境的动态变化，还原企业真实经营情况和财务状况，满足虚拟仿真实验的核心要求；其次，虚拟经营平台亦可接入现有的商业化软件，如 ERP、VBSE、VCASE、EPC、EVC 等，既可利用现有软件功能，也可根据需要进行二次开发；最后，云平台通过互联网接入，学生不受时空限制，更加符合新时代

"互联网+"背景下培养应用型人才的需求。

（2）以学生为中心，跨专业共享

如图4-3所示，财务云综合平台实施后，可以解决财会类和非财会类不同学生的实践需求。对于财会类学生而言，既要掌握理论知识，又要结合实践熟悉企业理财实务。由于企业财务管理工作的特殊性，学生通过实习、实践等很难接触到企业财务管理工作的核心内容，唯有通过财务管理的虚拟仿真实验才可解决这一难题。财务云综合平台以需求为导向，结合财会类专业特色和人才培养特点，紧密结合行业发展的最新成果，及时更新企业财务管理实务中应用的工具和模型，通过对环境背景、任务复杂程度、工具难易程度等参数的调节就可开展难度适宜的实验项目。在教学方法上，应立足于以学生为主体、教师为主导的理念，设法激发学生的自主学习兴趣，培养学生的发现意识，引导他们带着问题去探索课程中的知识，通过相互沟通和协作找到问题的答案。

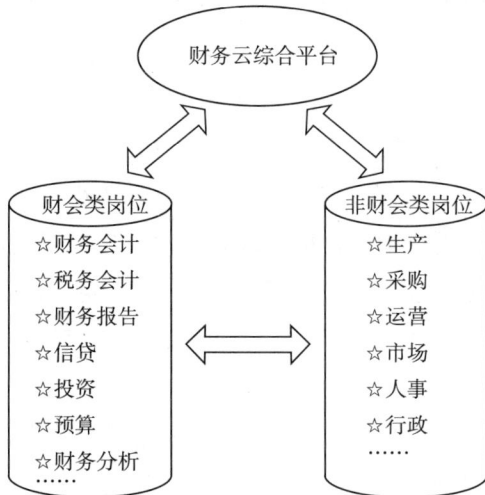

图4-3　财务云综合平台应用效果

对于非财会类的其他经管类专业学生而言，不同岗位的需求不尽相同，但都离不开财务部门的配合与支持，因此他们的目的是通过虚拟仿真实验平台，了解企业财务管理活动的规律和特点，这样无论以后从事何种岗位都可以和财务部门互相配合以便顺利开展工作。财务云综合平台从这一角度出发，给非财会类的学生设计的是企业虚拟经营平台，平台以实体企业为对象，搭建业务中心、财务中心和用户中心三大功能体系，其中业务中心体现了实体企业不同部门、不同岗位的要求，财务中心涵盖企业的是主要财务活动，其信息来自财务管理虚拟经营平台，学生根据业务中心和财务中心的相关情况，在用户中心完成相应任务。同时，非财会类专业学生在实体经营虚拟仿真平台的经营结果又反馈于财务管理虚拟仿真平台，财会类专业学生根据反馈信息再进行相应的财务决策调整和控制。

三、物流管理专业技能

经管类跨专业虚拟仿真综合实训（跨专业仿真实训）是在校内构建一套仿真的商业社会经济环境和市场环境，仿真综合实习环境主要划分为生产制造组织、商贸组织、物流组织、社会服务类组织及政府服务组织等，组织内部根据业务要求划分多个部门和岗位，各组织在仿真的社会虚拟商业环境中经营运作，以形成一个有序竞争的商业社会环境，让学生在仿真环境中运用专业知识完成工作任务，以创新思维培养学生的综合素质能力。

（一）物流管理专业学生在虚拟仿真实训中的岗位与任务

经管类跨专业虚拟仿真综合实训，主要由物流管理、工商企业管理、会计电算化、市场营销四个专业参与，物流管理专业在经管类跨专业虚拟仿真综合实训中，主要在生产制造组织（制造企业）、商贸组织（物流公司，供应商，租赁公司）中担任相应的岗位并开展工作。物流管理专业学生在经管类跨专业虚拟仿真综合实训中担任的主要岗位及其工作任务详见表4-5。

表4-5　经管类跨专业虚拟仿真综合实训工作岗位及工作任务

工作岗位	所属区域	所属单位	主要工作任务
计划主管	工业区	制造企业	主要负责生产计划；材料需求计划运算
车间主管			产销排程；车间作业管理；设备需求计划制定
采购经理			负责公司材料采购；编写采购预算；签订采购合同
物流经理			负责工商物流与仓储工作；制订物流预算
运输主管			负责公司物流运输安排工作；车辆调度与管理
总经理	商贸区	物流公司	全面负责公司整体战略及营销规划；公司的全面管理
业务经理			公司的业务处理，并向总经理汇报
业务经理		供应商公司	供应商公司的业务处理，并向总经理汇报

（二）虚拟仿真实训提升物流专业学生的职业能力

1. 采购管理能力

在传统实践课程学习中，老师主要通过创造相关的背景，模拟相关的数据让学生进行采购分析，根据老师给出的数据分析商品消费特性及市场供应特点，计算采购需求，同时通过给出的背景拟定和签订合同条款。这种背景比较单调，学生采购谈判及市场信息收集的能力没有得到充分训练。而在虚拟仿真实训中，学生完成自身工作任务时需与其他部门（单位）的相关岗位打交道，能亲身体会到采购计划制定、采购管理的整个过程。比如在采购计划制定过程中，采购部门要到市场部拿到往年的销售数据，还需要仓库主管提供的库存数据做采购需求分析，在选供应商过程中需要跟供应商进行洽谈，选择供应商，并与供应商确定采购条款，锻炼自己的沟通能力与谈判能力，当采购合同签订后要跟物流公司联系运输及仓库主管联系入库的情况。这样通过实训就能打通与采购相关所有部门的联系，学生从中能够学习到更多的知识，也学会根据公司的实际情况处理采购过程中所发生的一些突发情况，能灵活地处理各种问题。采购的相关管理能力得到充分的锻炼。

2. 运输管理能力

学生在传统课程学习中，运输管理能力中运输路径规划和车辆配载方案制订能力的培养是通过相关的计算方法和计算案例进行的。而在经管类跨专业虚拟仿真综合实训中，第三方物流公司担任着租赁公司与供应商、供应商与制造企业、制造企业与客户公司的中间桥梁，物流公司要根据市场的运力需求，以及自身的运输能力，合理规划运输路径和车辆配载情况，同时要处理运输过程中出现的各种突发情况，灵活应对，让学生身临其境，这样不仅能巩固物流运输管理的专业知识，还能锻炼良好的协调沟通能力和较好的团队精神。

3. 生产计划制定及库存管理能力

在经管类跨专业虚拟仿真综合实训中，物流管理学生从事计划主管、车间主管、仓储主管等相关岗位的工作。能够培养学生根据公司的产能和客户产品需求计划来安排产品的生产计划，进行合理的生产排班，同时合理地控制库存，让学生能够了解控制库存成本的方法。训练学生能根据工厂产能和库存情况、交货期的时间远近进行产品生产的正常排单及异常事件的处理，同时能针对商品的特性，科学合理地进行仓储空间规划和优化的能力；能操作物流系统相关软件，合理地选用和使用仓储资源和相应的设施设备；能针对不同货物或商品进行科学养护，对盘点结果进行相关信息的处理。

4. 其他综合管理能力

（1）自我学习能力

有些学生自我学习的能力不足，离开老师的指导和安排，就完全不知所措，只有少部分学生能进行课外自我学习；另外有些学生缺少深层次思考，当学习过程中出现问题首先找的是老师，而不是自己先查相关资料后再问老师。在经管类跨专业虚拟仿真实训中，当老师把疑惑讲解清楚后，学生为了完成任务，需要认真进行总结，并上网查找相关资料，最终才能让知识融会贯通。

（2）实践能力

物流管理专业具有很强的实践性，大部分用人单位认为，大多数物流管理专业学生动手能力不强，以致走上工作岗位后不能尽快进入角色。通过虚拟仿真实训，可以让学生在和现实基本一致的商业环境中按照工作流程完成工作任务，需要填制购销合同、请购单、入库单、出库单、运输单等与真实企业完全一致的单据，使学生的实践操作能力得到较大幅度的提升。

（3）创新能力

有些经管类专业的学生创新意识不足、创新能力不强。创新是当代大学生必须具备的能力之一，创新不一定是顶尖的技术，也可以是管理创新或生活与工作中的小创意。虚拟仿真实训通过组织创新竞赛，提升了学生的创新意识。

（4）情商

现在的学生情商不容乐观，他们自我意识强烈，加上社会的竞争日益激烈，以至于过多关注自我，以我为中心，不能设身处地为他人着想，以致人际关系紧张。在虚拟仿真实训中，为了按照工作流程完成工作任务，学生团队需要在企业内部进行沟通，还要和外部组织进行沟通，有时候也会为了各自单位或部门的利益进行激烈的争辩，但是通过三周的实训，在教师的引导下，大多数学生认识到不仅需要和内部成员建立良好的关系，还需要和外部组织建立长期的双赢合作关系。

（三）虚拟仿真实训对学生的综合能力的提升

经管类跨专业虚拟仿真综合实训使物流管理学生在核心专业知识、综合技能知识、团队协作能力、就业能力提升等方面有了显著的提升。

1.进一步巩固了专业核心知识

经管类跨专业虚拟仿真综合实训中，制造企业涉及原材料采购、产成品及半成品的库存管理、生产计划制定、货物的运输等，第三方物流公司物资的运输、在途管理、调度、人员安排等都需要物流管理专业学生利用相关专业知识在模拟仿真中加以应用，把书本上的知识直接搬到实际事例中，从而使学生的专业核心技能得到进一步的巩固和提升。

2.综合知识与技能得到强化和锻炼

传统物流专业的教学专业理论性很强，强调理论的学习，却淡化实际操作，经管类专业实际交叉合作少，学生在实践中应用知识的机会很少，经管类跨专业虚拟仿真综合实训让学生有机会把专业知识和技能在虚拟仿真的职场中应用，能发现自身知识结构存在的问题，能掌握在很多课堂学习中学不到但在职场特别重要的实际操作技巧。

3.团队合作精神得到加强

在实际业务运转过程中，物流管理学生仅仅掌握自己专业的知识是不够的，他们不仅要对制造企业的相关运作（如生产部门、财务部门等），既要对供应商、客户公司等配套单位相关运作了如指掌，也要理解国家的相关政策法规、规章制度，在为期三周的实训中，每一个物流学生都在这方面得到充分的锻炼和强化。同时，不管是在制造企业、物流公司、客户公司或供应商等，每个企业都不是只有一个人在工作，一个公司的最终成功大部分都是团队合作的结果，所以团队合作非常重要，通过经管类跨专业虚拟仿真综合实训提升了学生的沟通能力和团队精神。

4.极大地丰富了学生的职业体验

在最开始的经管类跨专业虚拟仿真综合实训的实践中，都是教师按照学生的专业给他们分配岗位，通过几年的摸索和实践，实现了采取竞聘上岗的方式选择各单位的负责人，学生自制简历、上台演讲，通过竞选最终获得自己的岗位。竞聘上岗的机制锻炼了学生的组织能力、表达能力和沟通能力，提升了竞争意识。

四、工商管理专业技能

现代管理科学和技术的高速发展、市场对人才要求的不断提高，众多高校工商管理类专业课程的实践性教学环节面临着发展滞后的局面。因此，在实践教学中引用企业经营管理仿真模拟的模式，将"走出校门"的要求与应用现代化教学手段相结合，采取教学方法、教学工具和手段创新的方法使学生置身于真实企业的运营管理氛围，模仿企业的实际运作状况进行生产的计划与控制等工作，让学生在紧张而极具趣味性的模拟运营管理中得到能力的锻炼、素质的提高以及创新创业精神的培养，成为备受关注的焦点。

（一）企业管理仿真模拟引入实践教学的必要性

随着信息化时代的到来，现代社会对工商管理类应用型人才的要求发生了根本性转变。现代企业对工商管理类人才的能力和素质的具体要求中强调更多的是：踏实的作风、协作与沟通能力、创新能力、主动参与能力、动态管理能力、全面的知识、实践操作能力。因此，工商管理专业学生不仅应具备扎实全面的理论知识结构，而且应具有较全面的综合素质，较强的社会责任心和崇高的理想，并具有独创性的思维及不断进取的精神。这对新时期人才的培养提出了新的要求。

实践教学作为当前我国高等院校本科教学中的一个重要环节，是联系高校理论教学与社会实际的桥梁。社会的发展对人才的培养提出了更高的要求，高校的实践教学改革也必须适应人才培养的需要，不仅要体现现代社会和技术对课程知识结构的要求，反映专业方向的学术前沿内容，更要注重学生综合素质的提高和科学思维方法以及创新精神的培养，增强学生的适应能力。而目前我国高校培养经济管理类专业本科生时所普遍采用的实践教学模式并不能妥善处理理论与实践的矛盾。目前高校教学活动的设计与组织过了强调以教师的教为中心，而不是真正以学生的学为中心。教学仅停留在理论层面上，学生的动手能力较差。经济专业的学生在经过几年的理论课程学习后，依旧不知道实际工作时如何处理。

为解决上述问题，很多高校也曾进行了多种尝试，比如将案例教学、讨论式教学引入课堂教学之中，组织学生到校外进行社会调查，加强校外的专业实习与毕业实习环节等，但效果大多并不理想。实践教学无疑是培养学生知识应用能力的一个有效途径，但如果仅仅是把实际工作常识引入课堂，教会学生怎么填写支票、如何进行账务处理等具体的操作是远远不够的，还需要让学生在实践中体会企业的经营管理工作是怎样进行的，明白企业面临的是一个什么样的经济环境。因此，对于尝试选择工商管理类各专业的学生，学校应利用计算机辅助手段，组织他们按不同专业组成一个模拟企业进行模拟实践教学，以此作为高校经管类教学改革的突破口，这对于突破原有的教学手段，探索如何缩短学校与社会、理论与实际、实习和现实的差距，培养应用型、复合型、开放型人才等方面，都具有非常实际的意义。

（二）企业管理仿真模拟实践教学的设计与应用

1. 设定模拟企业的背景

在模拟实践教学中，首先对企业背景进行设定，设定为一家已经经营若干年的企业，拥有 1 个亿资产。资金充裕，银行信用良好。但是产品单一，而且正在老化。目前产品只在国内市场销售，市场竞争激烈。预计未来几年销售收入将继续下降。同时，还有 5 家公司面临同样的市场发展机会、新产品开发机会和融资渠道。

2. 建立企业经营团队

根据企业岗位设置情况和学生的专业背景建立模拟企业经营团队，以组为单位，每个小组（分别代表一个企业）由 4~8 个学生组成。他们从目前的管理团队中接手该企业，在面对来自其他企业（其他学生小组）的激烈竞争中，将企业向前推进、发展。

3. 课程内容的设计

为提高学生运用有关管理决策方面的知识来综合分析问题、解决问题的能力，并充分发挥学生的主动性、创造性，在设计模拟实验课程时，深度考虑如何让学生在实践中进行体验式学习。在具体设计课程内容时，做了以下尝试。

首先，突破以往专业课程都是按系组织、开设的界限，将工商管理类不同专业的学生混合编队组成一个个参与实验的模拟企业。采用让学生自己动手完成模拟企业人员组织工作的方法，以人力资源专业学生为主导，用模拟招聘、应聘方式完成这一任务，并且要求学生自行设计公司组织结构、安排各岗位职责。

其次，在学生们以一个个模拟企业的团队形式开始参与到具体经营实验时，考虑到绝大多数学生缺少最基本的实际工作常识，先安排所有模拟企业进行一段时间的非信息化企业经营。要求每个学生按分配的具体工作岗位，配合使用各种实验道具，如印章、专用发票、出库单、模拟存货、会计凭证账簿等，进行一段时间的企业经营业务练习，了解现实工作中公司的运作过程，尤其是需要涉及不同部门人员配合完成的业务，该怎样使用合适的方法及道具处理、记录及最终完成。这也是以往我们的理论课程中极容易忽略的地方。通过演练让学生对自己所从事岗位的工作流程有明确的认识。

再次，在整个企业模拟经营实验中，每个模拟企业的财务数据在实验开始时是完全相同的，即每家企业的资产负债状况均一样，但在实验开始之后就改为在各企业间进行模拟竞争、大家面对相同的环境条件，根据自己的判断，做出本企业的经营决策，如是否要培训员工、是否要开设连锁店、要投入多少广告费等，通过这种方式调动各企业模拟经营者的积极性，增加实验课程的趣味性，促使学生充分挖掘潜力，运用所学专业知识做出最优决策，争取在与其他小组的竞争中脱颖而出。竞争实验采取开放式教学的模式，不预先设定固定的竞争数据，而是根据每次学生做出实际决策的变化而变更竞争数据，引导学生参与课程教学的建设，增加模拟实验的复杂程度，使教学内容更加贴近企业实际运营中所需要面对的复杂局面。

最后，在经过前一阶段的无信息化状态下企业经营实验后，学生大多已经对企业实际业务流程有了感性认识，此时再通过开设专题讲座、提供软件操作教材、提供机时等方式，要求学生设计模拟企业的实施方案，将一个传统企业改造成一个实行管理的信息化企业。与此同时，各模拟企业之间的业务竞争实验仍然在继续进行，只是此时各企业是在使用了软件进行辅助管理的情况下做出自己的经营决策，用计算机来替代完成前一阶段的大量工作，利用软件来获得企业决策需要的大量信息。

通过以上两个阶段的不同实验形式比较，学生在实践中亲身体会并思索了信息化到底对企业有多大用处，什么类型的企业需要实行管理，传统企业实施的难点在哪，在企业信息化建设中要注意什么问题等。总之，要通过巧妙的实验设计，引导学生在实验中思考、学习，通过尝试来发现问题、解决问题，改变以往被动听讲的学习方式，提倡体验式学习。

（三）企业管理仿真模拟实验课程的特色与收益

企业管理仿真模拟实验属于一个综合性实验，参与实验的学生应该是在修完各自主要的专业课程后才能选修该实验课。它与教学大纲上原有的各门理论课程是相辅相成的，通过实验能促使学生对专业理论知识有一个更深层次的理解，而各门理论课程如果在教学中加入一定比例的单项性实验，也能让学生在进行综合实验时更快地步入轨道。

1. 课程特色

企业经营管理仿真模拟这种体验式教学方式从仿真、操作、趣味与互动四方面体现了其课程特色。课程中通过仿真模拟使企业置身于一个动态的自由市场经济体制，在变化的、不确定的环境中，一切结果取决于势均力敌的竞争对手的竞争状况。在模拟课程中学生需要放手大胆尝试，仔细决策，严格实施。学生不仅要熟悉管理学中的基本概念和管理术语，更要能够运用这些知识到实际运作中，不仅要有能力独立工作，还要懂得如何与相关部门协同合作，充分利用有限资源发挥最大的成效。在模拟实战课堂里，学生能够感受到欢乐、沮丧、激动、痛苦、埋怨、成功、失败、失眠这些真实的情感体验。这些真实的体验可以帮助学生将模拟学习中所学到的知识更快、更为准确地运用到实际工作中去。在课程的推进中，教师需要准确把握模拟过程中的实际案例，讲解课程的知识点，并传授具体的分析工具，鼓励学生在下一轮的模拟经营中使用。

2. 课程收益

企业管理仿真模拟实践教学培养了学生关注结果的经营思维方式，使学生巩固和掌握了必备的管理知识与工具，培养了学生在动态的环境中做出正确决策的商业才能。

课程为学生展示了经营的全貌，直观地揭示了企业内部和外部各种经济要素的内在关联，使得身处不同部门的人员为同一个目标努力。通过课程所掌握的共同的管理语言将保证沟通的有效性。提高了学生积极参与变革的愿望和能力，帮助学生了解组织变革的内在动因、分权与授权的意义以及跨部门交流的必要性。通过对经营本质的了解，学生们将站在更高的高度来看待自己的岗位，通过增强跨部门沟通，保证公司战略的执行。使学生掌握必备的知识和实用的工具，没有财务背景的学生将学会解读财务报告，实用的管理计划工具将立即帮助学生提升工作能力。学生在学习过程中必须掌握必备的管理知识与工具：损益表、资产负债表、现金流量表；资金需求和融资；公司预算；战略框架和层次；生产计划管理；市场需求分析；竞争环境分析；财务比率分析等。

在实践学习过程中学生学会将零散的知识点整理成一个属于自己的完整知识体系，把自己的掌握理论转化为实践经验，学习细致的数据分析方法，变直觉为理性，利用沙盘推演检验自己的决策思路，理解战略管理和财务管理，认识各种决策和投资后的结果，磨炼商业决策敏感度，提升决策能力及长期规划能力。

第三节　增强商业判断力

企业经营仿真系统课程不仅加深了学生对商业运营各环节的理解，同时训练学生从战略的、全局的角度去处理运营中遇到的各项问题。在这个不断变化的行业和竞争环境中，学生必须准确地分析和预测对手的战略部署，相应地做出决策并迅速部署实施战略计划，使自己的公司在竞争中始终处于领先的位置。在决策过程中，学生将有大量的机会来实践各种已经学过的战略分析手段和工具，当对市场和对手的嗅觉不断变得敏锐时，学生们的商业判断力将会得到质的突破。

一、现代企业商务运营管理仿真模块

依据现代企业经营活动规律，本模块包括 6 个运营实训子模块和 1 个综合虚拟仿真模块。

（一）创业实训模块

该模块对应创业实战模拟课程，其中包括工商注册登记、创业计划书设计、市场开发及推广、人力资源管理、企业财务管理等实验项目。通过模拟各个创业环节，使学生了解创业过程，让学生建立对创业行为的立体认知，了解把握核心创业规律，动态匹配、感悟各个关键创业环节，培养正确创业意识。

（二）经营决策实训模块

该模块包括企业经营决策实训和企业商战模拟课程，其中包括生产和工厂管理、贴牌市场决策、自有品牌决策、融资及财务管理、企业资源规划、企业经营决策、市场营销实验、企业重组实验等实验项目。该模块通过企业战略规划、市场和竞争对手分析、市场营销计划、市场开拓计划、年度生产计划、采购计划、融资计划的制订，将工作计划数字化为财务指标化，使经营策划与年度目标相衔接，然后使部门计划与经营战略相配合，以建构一套系统化经营管理模式。通过本模块，学生可以理解战略决策的内容、各类计划之间衔接与制订过程，培养了学生的全局意识和系统思考能力和决策能力。

（三）运作管理实训模块

运作管理实训包括企业生产计划部工作模拟、企业采购部管理模拟、企业人力资源部岗位模拟等课程，其中包括生产计划部经理岗位、计划员岗位、车间管理员岗位，企业管理部、企业行政部、人力资源部经理岗位、人力资源助理岗位模拟等实验项目。通过本模块使学生体验产品决策、采购、生产、销售、库存、财务、人力资源管理等职能的综合运行，掌握生产计划的编制、各种表单的填写、库存信息的分析、人员的招聘、各种报表的编制与分析等技能，达到训练学生综合协调能力的目的。

（四）营销实训模块

该模块包括市场营销、电子商务、国际贸易实务与结算等实训课程，其中包括营销环境分析、营销战略制定、产品策略、价格策略、渠道策略、促销策略、商品管理、分类管理、用户管理、信息管理、购物管理、国际贸易运输、结汇、托收制单、审单、信用证项下制单等实验项目。针对真实的案例进行训练分析，让学生通过沙盘、分析整体营销等过程，制定营销策略。以量化的方法对效果进行分析评价，将战略营销管理的知识和技能融于整个模拟训练之中，使参训学生感悟知己知彼以及提前做计划的重要性，在团队中建立对于销售策略的共同认知，统一销售语言，从而获得解决销售困境的能力。

（五）财务管理实训模块

该模块包括基础会计、中级会计、财务软件应用、财务管理等实训课程，其中包括原始凭证填制、记账凭证填制、账簿登记、会计报告编制、日常账务处理、工资核算、固定资产核算、期末处理、筹资管理、投资管理、营运资金管理、利润分配管理等实验项目。通过该模块的实训，学生在模拟经营及竞赛中能够熟悉企业的业务流程，理解财务管理知识，掌握财务分析与决策方法，使复杂、抽象、枯燥的财务知识趣味化、生动化和形象化，进一步加深对财务管理知识的理解与运用，提升财务管理实战技能。

（六）公司创建与运营实习模块

该模块包括ERP沙盘企业模拟和企业运营与竞争模拟等课程内容，其中包括模拟运营流程、生产管理、营销管理、企业战略管理、企业原材料采购管理、企业生产管理、企业财务管理、竞争对手分析等实验项目。在软件设定的虚拟企业商务经营环境中，通过模拟经营、对抗演练、讲师评析、学生感悟等一系列的实训环节，学生所学的理论知识与模拟的经营活动相结合，让学生在分析市场、制定战略、营销策划、组织生产、财务管理等一系列活动中，感悟科学的管理规律，培养团队精神，创新创业能力，全面提升管理能力。上述 6 个企业商务运营管理子模块，既可用于各专业的学生进行专业实训，也可以将几大模块综合在一起，使学生在软件或沙盘设计的虚拟环境中进行综合实习（公司创建与运营实习），培养学生的综合协调能力及分析问题、解决问题的能力。

（七）现代企业商务运营综合虚拟仿真模块

本模块是一个跨专业综合实践平台，通过虚拟仿真实现现代企业商务运营综合实际情况。该模块融合经营管理类多个专业学科的知识体系，全景呈现企业真实组织架构、工作任务、业务流程与操作环境，使学生基于真实企业信息化平台进行业务演练。创新重视的是结果，创业重视的是过程性和可操作性，实践平台的设计不仅接近真实企业环境，可以让学生真实地进行各种决策，而且学生亲自动手填写各种表单，亲历各种业务流程及审批过程，培养了学生从事经营管理所需的综合执行能力、综合决策能力和创新创业能力，使其具备全局意识和综合职业素养。

二、虚拟仿真实验教学中心的教学资源平台建设

现代企业商务运营虚拟仿真实验教学中心为了更好地展示教学资源，搭建了教学资源平台，由实验教学资源平台、教学管理平台和网络信息平台组成。

（一）实验教学资源平台

实验教学资源平台由专业实训平台、公司创建与运营实习平台和现代企业商务运营综合实践平台构成。实验教学资源平台利用 3D 技术和网络技术，结合中心大型数据存储和数据库，通过平台选择和自由组合实验项目，学生利用计算机完成各类虚拟实验资源的配置和使用，同时，结合中心真实的仿真实验场景，在虚实结合中完成实训任务，达到既定的目标和教学效果。平台还具有信息发布、数据收集分析、互动交流、成绩评定、成果展示等功能。

该平台的实习实训虚拟仿真系统软件均可通过中心教学网站全天候实现资源共享和在线使用，还有专业相关图书 1200 余册、大量的企业及产品论文、课题项目及调研报告等研究资料供师生使用。平台购置企业资料数据库两套，链接了图书馆的企业实际数据资料库，整理汇编了学生的创业计划书 1600 余份，并建有学生数据资源库，师生可通过在线收集实习数据进行数据分析。

（二）教学管理平台

拥有完整的实验教学管理文件，包括开课准备管理、教学计划管理、排课选课管理、教学过程管理、成绩考核管理、信息反馈管理、多媒体教学、机房管理等，中心利用多媒体、人机交互、数据库和网络通信技术，通过网络多媒体教学系统，实现了视频教学、分组教学、屏幕广播等功能，通过机房管理系统，实现资源分配、虚拟环境部署、用户身份管理、认证和计费管理，对于登录实验中心各平台资源的用户分类别提供不同等级

的权限账号。中心各厅实现了教学的网络化、智能化管理。在整个教学过程中，教师能够实现同频、分组、一对一等多种方式的教学活动。在实习实训中，教师可以监控学生的实验过程。在实验设备整合方面，做到按实际需要，在网络上进行任何组合，形成"新"的实习实训空间，不受现实空间的限定，方便灵活，并能够保证高速、稳定、安全、畅通地运行。

（三）网络信息平台

中心的门户网站由中心技术支持部开发，系统安全稳定，操作简便合理。通过中心网站及时对校内外公布各种虚拟仿真实验教学信息，提供虚拟仿真实验教学平台链接，学生通过分配的使用账号，可以在线进行网络实训，自由搭配和选中实训项目，完成实训任务，达到教学大纲要求的教学效果。学生还可以通过网络进行互动交流，为教师和学生搭建了实践教学交流和成果展示的平台。

三、商业企业仿真模拟经营平台在经管专业创新教育中的作用

经管类专业是一门实践性比较强的学科，对该专业领域的学生有极强的业务操作能力要求。然而我国经管类大学生的人才培养基本上是侧重于理论型、学术型的教学。因此经管类大学生操作能力的培养一直以来得不到应有的重视。在这种情况下最好的解决方法是让学生到公司中去实习，通过实际动手操作真正做到学以致用。但事实上学生实践时间少，加上企业工作人员对实习生有抵触情绪，并且对系统数据采取了加密处理，更重要的是各企业的实务也相当复杂，这些都令学生很难完整地了解整个企业的运作。由此导致很多学生实践能力上有些不足，在企业真实的操作过程中无法快速有效地解决各类问题。不过，以仿真模拟技术为基础的仿真教学可以有效地解决这些困难，提升学生的综合素质，弥补这些方面的不足，对经管类学科各专业教学改革、提高授课层次、强化素质教育等方面起到极大的推动作用。

（一）理论到实践的跨越

知识体系的加强能够提升学生在理论知识方面的素养，但缺少实际的操作就只能够解决理论上的一些问题。许多学校因材施教地运用了商业企业仿真模拟经营平台，不仅可以传授学生知识经验，而且可以帮助学生更好地适应社会需求；通过仿真企业环境，模仿企业流程，模拟职业岗位来搭建一个完整的仿真模拟经营平台，并在实战中培养管理人员；在实验内模拟经济管理的实践条件和实践环境，通过学生所扮演的角色在模拟条件和模拟环境下体现出的经济管理水平，培养学生的实践能力和开拓创新能力，并从中发现学生的优势和不足，加强教育改进。由于市场瞬息万变，企业在运营的过程中会出现各类问题，单单依靠理论的知识并不能真正解决问题，这就要求学生把所学到的知

识联系到实践中去。而仿真模拟的企业经营就是一个实践的平台，在这个模拟的过程中会遇到很多类似企业实际操作过程中的问题。如果学生在学习中忽视任何一个方面的问题都可能导致一个企业破产，这就要求学生在仿真平台里担任的角色要有冷静的思维和随机应变的能力。因此，仿真模拟实验有利于培养学生在复杂多变的环境下快速做出判断，深刻和全面地了解问题，并做出正确的决策，制定出一套好的营销战略和生产计划。使学生从中学会对财务报表的分析和运用，控制成本，对现金流做出预测，让企业获得最大效益。仿真模拟实验是将理论和实践相互结合，让学生在参与中完成从理论到实际操作的跨越。这是不同于以往传统教学的思想，这是教学的一大创新，对学生的分析能力和综合能力都有一定的提升。

（二）培养学生的团队意识

在模拟过程中，公司的运营不仅要求每个学生掌握扎实的基础知识，还需要学生有团队协作能力。在企业运营中每个人都不是一个独立的个体，每个环节都是和下个环节紧扣的，因此企业运营过程中的各个环节必须做到良好的衔接，并充分发挥团队的作用。在企业运营中，每一套方案都需要与其他成员协商，通过交流沟通制定合适的策略。所以保持积极的合作能力和良好的沟通是对团队的要求。团队的合作力也是检验企业能力的重要指标，从模拟经营中学生要充分认识到各个部门都要有自己的经营理念和观点，应该与各个部门协调好，建立以企业利益为最大化的导向。由此，模拟经营也增加了学生的沟通能力。团队合作是制胜的一个非常重要的因素。就如一盘散沙，如果没有固定的容器来装，就会变得很松散。因此，团队合作是一个成功项目不可或缺的条件之一。只有做到这样才能促使整体都力争上游，为企业竭尽所能，谋求最大利益。

（三）启发学生对今后职业规划的定位

在仿真模拟经营中，可以通过职位角色的扮演来激发学生在各方面的能力，展现自我，发现自身特长和不足的地方，并且能够挖掘出自身在其他方面满足当代企业对人才的需求的个人特色。因此学生在模拟经营过程中要时刻对自身在企业中的表现进行自我评价，这对大学生今后工作的确定和未来的职业生涯目标都会产生深远的影响，同时也为以后在实际工作中遇到的困难局面提供经验教训。显然仿真模拟经营平台对学生而言是一个难得的职业锻炼机会和自我认识的机会。

四、仿真训练对学生创业技能的提升

企业经营管理虚拟仿真实验课程以企业经营管理仿真平台为主要工具，学生通过分析企业经营环境、市场机遇等信息，结合企业自身能力完成企业运营战略的制定和实施，从而逐步获得并提高企业经营管理能力。目前，国内高校使用的企业经营管理仿真平台多为一些较为成熟的产品。国际企业管理挑战赛由英国一家仿真软件公司设计开发，优势在于高度仿真了经济环境，但入门门槛高，且以欧洲市场为仿真背景，与中国市场存在一定差异。企业竞争模拟重点关注企业日常的供应、财务和生产过程，该软件在国内得到了较为广泛的应用。

纵观现有企业经营管理仿真平台可知，团队塑造问题尚未得到此类平台的关注。据相关统计，因创业团队目标不明确、成员分工不合理、成员性格不合、团队协作能力差等种种因素而导致创业项目破产的概率达到20.9%。可见，一支优秀的创业团队对大学生成功创业是至关重要的。大学生创新创业虚拟仿真实训平台为基础，提出将团队塑造作为仿真实训的重要一环，通过团队破冰、团队测评、岗位分配、团队创意、团队案例分析5个模块促使创业团队凝聚发展目标、塑造企业文化、合理分配岗位，在提升个人能力的同时为团队成员之间的协同合作创造条件。

（一）大学生创业团队塑造需求分析

由于团队成员在性格特点、专业背景、知识结构和个人能力等多方面都有差异，目前大学生创业团队普遍存在创业目标不一致、知识结构不合理、创业能力不足、协调配合不充分等问题。而创业团队塑造就是要从这些问题和薄弱环节出发，指导团队成员根据个人特点和能力合理选择岗位，培养成员默契和团队协作能力，使成员之间能够取长补短，共同创建一个具有高效能的创业团队。

1. 建立共同的创业目标

建立共同的创业目标是大学生创业项目得以长期生存和发展的必要条件。大学生在创业过程中将面临难以预料的困难和挑战，因此在创业初期就应确立明确的团队目标，并在创业进程中确保个人目标与团队目标相统一，才能尽量避免矛盾冲突、群策群力，共同面对困难和问题。

2. 形成高认同度的团队文化

企业文化体现为企业的核心价值观、行为规范和经营理念，有助于形成企业内部凝聚力和外部竞争力。团队文化在创业初期就可形成，与团队目标、价值取向等相关，是企业文化的雏形。大学生创业团队必须通过不断学习和实践凝练出积极向上、充满活力、凝聚力量、与团队目标高度契合的企业文化，并通过宣传和培训使企业文化深入到每一个成员心中，才能使创业公司得到长足发展。

3. 使职位安排与性格和能力相匹配

初期的创业团队通常由3~4人组成，他们需分别承担首席执行官、产品经理、销售总监、财务总监等职务。团队成员在性格特点、专业背景、学习能力、知识结构、管理能力等方面各有特长，这就需要根据成员自身特点为其分配岗位，从而达到人尽其才的效果。

4. 为团队协作创造条件

团队协作能力是评价团队效能的重要指标，它表现为团队成员之间能够互补互助、齐心协力地为达成团队目标而努力。在合理分工的基础上，团队成员不仅要各司其职，更要通力协作，发挥自身积极性和主动性，以达到团队效能的整体提升。

（二）企业经营模拟仿真系统与就业能力的关系

企业经营模拟仿真系统实验教学启发学生思考，激发学生内在的学习积极性和创造力。虚拟的商业情景可以让学生毫无顾忌大胆地想象和布局与众不同的商业策略，进而获得非凡的收益。通过不同的商业情景以及角色分布，学生在不断地训练和比赛后，分析解决问题能力、沟通表达能力、学习实践能力、团队协作能力、组织管理能力都得到了大大提升，这五种能力对大学生就业起到了巨大的推动作用。具体如图4-4企业经营模拟仿真系统与就业能力关系框架所示。

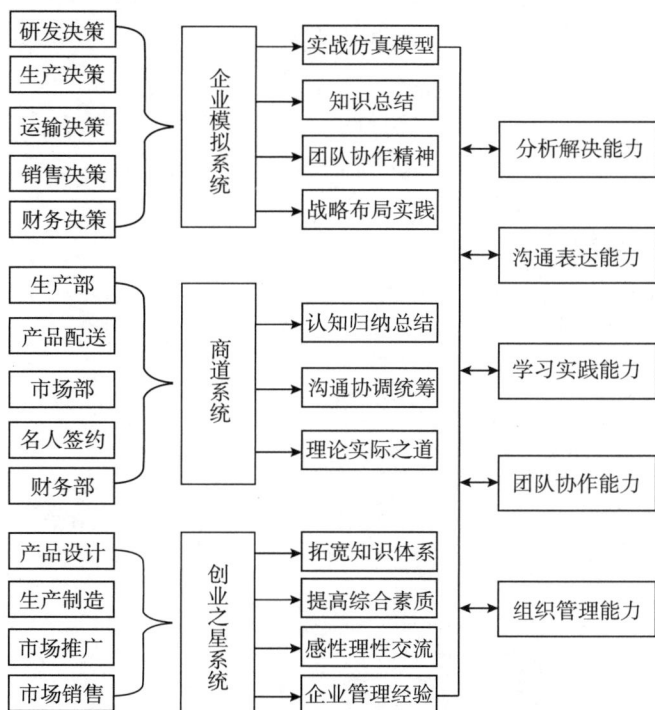

图4-4　企业经营模拟仿真系统与就业能力关系框架

第五章 企业经营仿真系统的建设步骤

第一节 经营环境仿真

一个贴近企业平台运营的环境可使学生融入到企业经营的运作氛围中，让学生更详细地了解企业经营平台的操作和企业各项步骤的实施，通过设计企业不同情境的经营状况让学生主动去了解情况，使其更加清楚企业实际运作中各方面人力、物力、财力的分配。这种仿真的企业环境能够让学生主动思考，发挥团队的作用去解决操作过程中可能遇到的问题，规划好各步骤的实施策略。

一、虚拟企业环境

虚拟企业环境的框架、理论及应用模型的建立及研究，是虚拟现实技术中虚拟环境这一重要技术的重要应用领域和研究重点。

（一）传统虚拟环境的分类

按照与生产各个阶段的关系，将传统的虚拟环境分为两种类型。

1. 面向设计的虚拟环境

向设计人员提供产品虚拟使用环境，以进行产品性能优化和造型设计，并提供产品制造信息的虚拟环境技术。面向设计的虚拟环境通常以产品市场导向为中心，组织产品外形优化和性能优化，因而没有考虑加工环境以及物流环境对产品生产的影响。

2. 面向生产的虚拟环境

向生产者提供仿真产品制造过程，并对生产方案进行评价和优化，从而减少虚拟产品制造过程相关人机物等因素的影响。面向生产虚拟环境以产品市场导向为前提，考虑产品的加工环境，组织生产过程优化，但没有考虑生产环境，如物流、装卸、大区域环境下人机环境等因素。

（二）虚拟企业环境的提出

将企业的设计和生产行为置于大区域地理环境，考虑车间与车间的地理位置关系和物流环境规划，对企业组织生产的设计、生产和物流行为营造虚拟环境，提出虚拟企业环境概念，见图5-1。

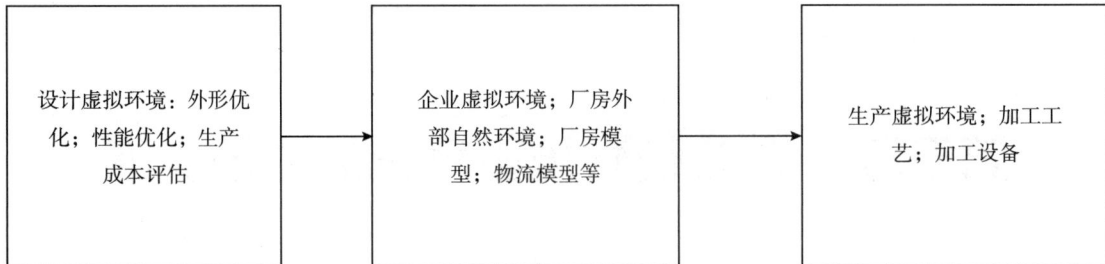

| 设计虚拟环境：外形优化；性能优化；生产成本评估 | → | 企业虚拟环境；厂房外部自然环境；厂房模型；物流模型等 | → | 生产虚拟环境；加工工艺；加工设备 |

图 5-1　虚拟企业环境的演变过程

虚拟企业环境是指在虚拟现实环境中根据真实或者虚拟的企业环境样本的几何形态参数，如制造设备，厂房、物流和工装等和生产过程数据，以真实或者虚拟的企业系统为原型，由计算机按某种算法合成的环境，在对虚拟现实技术做进一步的应用研究时，人们可以设计不同的方案来利用虚拟生产环境完成各种仿真实验，包括产品评价、制造评价和环境评价等。

二、企业经营模拟仿真实训环境的构建

虚拟仿真主要面向的行业为生产制造业和现代服务业。学生模拟实训制造企业的经营管理活动，如企业的设立、经营分析、销售管理、财务管理等。模拟实训现代服务业的工商、税务、银行、物流等业务。

（一）场地的搭建

实训场所是将原有的信息管理与信息系统实验室、ERP 沙盘实验室、会计模拟实验室进行有效的整合，形成一个通透的、可独立的实验环境，面积可达 600 平方米，实训主题对应的模拟机构为核心，其他关联性机构围绕核心机构，充分考虑核心机构的场所的大小和与周边机构往来的便捷性。

（二）网络架构模式的搭建

虚拟仿真环境中包括的三个平台，在架构上采用 B/S 架构，这种架构用户工作界面通过 WWW 浏览器来实现，极少部分事务逻辑在前端（Browser）实现，主要事务逻辑在服务器端（Server）实现，形成所谓三层 3-tier 结构。

三、面向企业规划的虚拟企业环境体系结构

由于 EVE 要处理大量不同类型的企业规划信息、产品信息、制造信息、厂房信息、设备信息、产品流转信息的建模和设备行为的仿真，其体系结构必然设计成开放的形式，在对 EVE 中各类建模以及仿真信息独立性分析的基础上，提出了面向企业规划的虚拟企业环境 EVE 体系结构，该结构将 EVE 建模与仿真环境划分为八类基本活动模块，如图 5-2 所示。

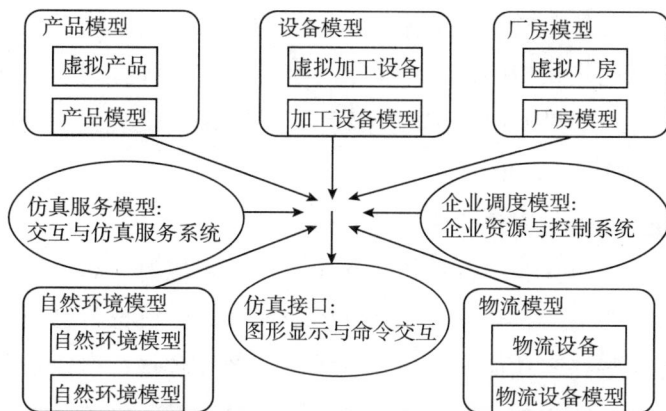

图 5-2　面向企业规划的虚拟企业环境（EVE）体系结构

第一，仿真服务系统：处理各种模型的交互和仿真过程中的基本功能调用；第二，产品模型定义：根据实际产品信息并利用仿真服务模块来定义开发产品模型；第三，设备模型定义：根据实际设备信息并利用仿真服务模块来定义开发设备模型；第四，厂房模型定义：根据实际厂房模型信息并利用仿真服务模块来定义开发厂房模型；第五，物流模型定义：根据实际厂房模型之间的物流模型信息并利用仿真服务模型来定义物流模型；第六，自然环境模型定义：通过利用虚拟厂房模型间的自然环境模型，来定义模拟物流流转空间和企业自然环境地质灾害等的维护和加固；第七，企业调度模型：将虚拟企业环境中涉及的模型集成，包括上述产品和设备模型、控制系统、仿真服务，并执行企业调度仿真；第八，仿真接口：负责结果输出及其与应用系统、真实设备之间的接口。

四、虚拟企业环境组件基本对象及其开发架构

基于企业级虚拟环境研究，借鉴组件技术和面向对象技术，围绕真实的企业环境或者虚拟企业环境的概念来组织企业生产模型，能较好地解决虚拟企业环境的仿真延伸。

（一）传统的面向对象的不足

传统的面向对象技术多采用分类来进行系统描述和程序代码组织。在虚拟企业环境中如果仅仅采用面向对象技术，有其明显不足，概括如下：第一，即使仅仅是一个私有成员的改变，对象和应用也得重新编译链接；第二，运行时没有足够的灵活性，如无法对直接对象以其类名进行实例化；第三，无法满足虚拟企业环境需要灵活地增加系统新对象类型，并让旧系统实例化新对象类型等。对于企业级虚拟环境系统，对象不仅是一种类型，这些类型根据虚拟环境仿真需要，有时需要，有时不需要，因此多继承不是解决方案；第四，仅仅通过继承进行对象扩展，不能回答如何组织继承、扩展增加后将发生什么和系统代码的模块性问题；第五，随着更多面向对象解决方法的开发使用，单单采用面向对象技术难以与软件日益增长的复杂性抗衡。对象只构成虚拟环境的一部分，它不能完全把握应用程序的结构（控制流），只能通过重用类库里有的类来实现有限的重

用。但实际情况是，大多虚拟环境系统分享相似的结构。不同的虚拟环境系统使用不同的技术去把握和实现这些相似的结构。结果，这些结构并没有因为通常地面向对象技术而被重用。面向对象技术只能通过重用类库已有的类来实现有限的重用，而组件结构架构提供了最高层次的虚拟环境重用。

（二）虚拟企业环境组件对象构成

虚拟环境对象技术建立在组件的概念之上。组件可以跨平台、网络、应用程序而运行，彻底改变目前软件生产、开发的模式。各个软件厂商根据自己所长按照一定的标准编制各式各样具备某些特定功能的组件。基于虚拟企业环境，可以抽象出八种基本对象类：自然环境类、物流环境类、厂房类、产品类、设备类、服务子类、控制子类和事件子类。各种基本对象类依靠各对象间消息传递机制实现。

（三）基于组件的虚拟企业环境开发

组件的特征提供了将一个虚拟企业环境应用系统及其程序分成若干个组件的机制。每个组件提供了一个相当专门的功能，它向框架的其余部分描述自己，以便别的组件能够访问它的功能。通过组件构造和修改软件，用框架把握软件结构，用对象总线连接事务，支持即插即用功能的扩展。因此，虚拟环境系统的构建采用组件对象来描述问题空间的实体。相反，结合面向对象技术和组件技术特征，通过组件接口可以屏蔽任何应用系统与具体的应用执行细节；一个常用的行为可以为多个对象所共享；一个抽象的虚拟环境数据类型可以为多个对象所应用；接口间可以相互继承；虚拟应用系统使用接口而不是应用执行对象；虚拟环境应用系统和应用执行相互独立。

第二节　智能岗位仿真

仿真公司组建完成以后要对各部门人员进行分配，不同职能在企业运营过程中起不同的作用。仿真模拟经营平台中有 6 个人分别担任总经理、财务总监、生产总监、采购总监、营销总监、信息总监。学生要明确他们在平台运作中所担任角色的职能，合理安排所有职能的效能；充分应用现有资源，自主完成各项业务处理；熟悉企业的系统功能，了解不同职能的工作职责。情景模拟教学法作为一种全新的实验教学方法，对解决经管类专业以往实验教学中存在的实验场景实感性不足、实验内容系统性不强等问题具有重要的应用价值。

一、经营类专业实验教学与研究现状分析

近年来，国内外高校先后引进了软件模拟实验和沙盘模拟实验教学活动，对提高实验教学效果起到了良好的作用，但也存在着明显的问题。主要表现为实验数据及获取过程缺乏真实感，学生无法真切地理解在一定管理情景下的各管理信息之间的相互关系；

实验室现场感不强，学生难以融入模拟过程及角色；实验内容的过度细分，割裂了各职能管理业务之间固有的联系，学生无法系统地理解企业整体经营过程；实验成绩的评定也存在依据不足的问题。

而情景模拟教学法的出现，为经营类专业的实验教学改革带来了新的契机。通过构建企业运作情景模拟平台，可以有效解决经营类实验存在的实感性不足、实验过程不易监控等问题。因此，一些学者将情景模拟教学法融入人力资源管理、公共政策、博弈论、模拟听证会、物流管理等课程的实验教学中，既提升了教学质量，又让学生直观认识了管理问题。但此类研究仅对企业管理的局部职能或业务展开了情景模拟教学的探索与应用，尚未涉及对企业管理的全面性情景模拟实验教学体系的研究。此外，为弥补实验教学直观性不足的缺陷，有学者提出了基于实物流的企业运作情景模拟实验教学设想，尽管未阐明实验的具体实现过程，但为情景模拟实训教学体系的创建提供了参考思路。

综上所述，前期研究为进一步探讨打下了良好的基础，但分析发现仍存在以下不足：其一，前期研究更多属于对企业管理局部职能的情景模拟教学应用，尚缺乏以企业整体管理过程为对象的情景模拟实验教学体系的探索；其二，前期研究还处于对体系构建思路的探讨阶段，缺乏对情景模拟实验教学体系具体创建过程的深入研究。因此，探讨基于情景模拟的经营类专业实训教学体系创建也具有重要的理论价值。

二、实训教学体系创建思路的提出

基于情景模拟的经营类专业实训教学体系是以经营类专业学生为教学对象，利用情景模拟教学法，围绕企业管理职能和业务活动，以订单生命周期为主线，以角色扮演形式，分模块在设置的情景中开展管理业务模拟的实训教学系统。旨在让学生加深理解并掌握现代管理理论，培养学生对实际管理问题的解决能力与应用能力。

（一）实训教学体系的目标设定

在构建实训教学体系时，需满足以下 4 个目标。

1. 情景的真实性目标

要求模拟情景要接近企业管理实际，通过实训场地、教学道具、扮演角色等的精心设计，学生在实训中能获得体验性感受。

2. 模拟的全面性目标

要求教学内容能覆盖企业管理的基本职能及其主要业务活动，使学生能得到全面的管理业务训练。

3. 过程的有序性目标

教学过程要合理有序地进行，通过适当的教学模块划分和教学过程组织，学生能掌握实训中蕴含的各类知识点，并具备一定的业务处理能力。

4.评价的客观性目标

成绩评定要客观合理且具有可行性，它既能反映小组的实训情况，也能反映学生个人的投入程度，既要注重对实验结果的考核，又要兼顾对实验过程的评价。

（二）实训教学体系创建的基本思路

为使实训教学体系的情景尽可能接近企业实际，拟采取以下措施保证情景设置的质量。

典型企业和代表产品确定。为保证模拟的企业及产品具有典型性和代表性，选取了汽车制造企业和汽车产品作为模拟对象，选择理由如下：首先，我校原属机械工业部，管理专业有明显的工科背景，培养的管理人才也主要面向制造企业管理需求，而汽车企业就属于典型的制造型企业；其次，我国已成为汽车生产和消费大国，该行业已成为国民经济的支柱，行业的重要性及其管理的典型性使模拟有一定的代表性；最后，随着汽车的普及，学生对汽车的基本构造、性能等都有所了解，这十分有利于学生快速理解模拟产品。

基本设计信息获取。为了让模拟情景贴近汽车企业，强化情景设计的基础信息十分重要。为此，选择了著名汽车企业（如上海通用、长春一汽、陕西重汽等）作为样本进行调研，收集了企业的组织机构设置、管理流程、产品结构、空间布局等信息。

情景分类设计。为让模拟情景接近于企业实际，利用收集的基本设计信息，拟将模拟情景设计划分为实训室布置、教学道具设计、模拟角色设计三个方面，进一步完成细化设计。

为保证教学内容能覆盖企业管理的主要业务和职能，并能体现完整的管理逻辑。根据业务参与对象和管理职能的不同，拟将实训内容划分为六个模块：企业成立与人力资源管理、市场营销管理、生产计划制定、采购与库存管理、生产过程控制、交货结算及客户服务管理。

为保证教学过程组织实现有序化和合理化，拟从实训准备、执行、总结与点评三个阶段组织教学过程。准备阶段，让学生在实训前知道自己在实训中要做什么和怎么做；执行阶段，让学生按事先设计好的流程开展实训，完成模拟任务；总结与点评阶段，通过教师的全面点评和学生对自己扮演角色得失的讨论，强化和提升学生对管理业务的认知。为保证每位学生均积极参与，全力投入实训，拟从实训过程和实训报告两方面评定学生的成绩。实训过程成绩则要从个人表现和小组表现两方面考核，并在实训过程中选好测评点及指标，以降低成绩评定的主观性。

三、情景模拟实训教学体系设计

实训教学体系的设计包括教学平台构建、教学内容规划、教学过程设计三个方面。

（一）实训教学体系中的教学平台构建

1. 实训室布置

实训室的布局要满足如下基本要求：第一，保证企业各职能管理业务模拟可以有效开展；第二，保证企业能与外部客户、物料供应商、银行等实现模拟合作；第三，保证教师能开展授课并到各个学生位置进行必要指导；第四，保证学生有交流实训感受的必要场所。为此，将实训室划分为教学交流区、合作伙伴模拟区、商务谈判模拟区、职能管理模拟区、生产物流模拟区。

2. 教学道具设计

在情景模拟实训中，教学道具起着十分关键的作用，为此对道具进行了系统性的统性的设计，并根据设计要求进行了制作或购置。根据道具的功能将设计的道具划分为模拟产品、办公设施、生产库存设施、工艺文件、企业图章、角色标牌、业务单据、各类挂图及其他道具九类。其中，模拟产品包括了三种汽车模型产品和各类实物零件；办公设施包括：桌椅、文件柜等；生产库存设施包括货架、生产流水线等；工艺文件包括工序图册、零件清单等；企业图章包括：财务专用章、企业章、法人章、合同章等；角色标牌包括角色位置标牌和角色身份挂牌等；业务单据包括：各类凭证、发票、制令单、生产通知单、质检单等单据；各类挂图包括：部门工作制度、岗位职责、部门管理流程图、生产流程图等；其他道具包括纸、笔等。

3. 模拟角色设计

为控制情景模拟的复杂度，提高模拟效率，采用扁平化组织结构，设计各职能部门及相应角色，如：销售部（包括销售主管、业务员等）、采购部（包括采购主管、业务员等）、生产部（包括生产主管、生产工人、生产计划员等）、财务部（包括财务主管、出纳、会计等）、仓储部（包括仓储主管、库管员等）、质检部（包括质检主管、质检员等）。此外，对应设计了 CEO 与合作伙伴（如供应商、客户、银行）角色。

（二）实训教学体系中的教学内容规划

为保证实训教学能够合理有序地开展，依据订单生命周期所涉及的管理职能和业务活动，同时兼顾一堂课以 2 个课时为单位的教学规律，将教学内容划为六大模块。

在情景模拟实训教学中，每个模块都包含其相对独立的实训任务、过程和结果，而各模块之间又存在管理逻辑，环环相扣。

其中，企业成立及人力资源管理情景模拟实训是整个实训的基础准备，包括：学生分组、建立企业组织运营机构及部门运作标准、成立企业，为后续的模块准备基础管理数据。市场营销管理情景模拟实训是实验的开始环节，通过收集产品生产周期、生产能力、成本、质量、库存等方面的信息，与客户进行商务协商，以获取产品订单。生产计划制定情景模拟实训则以产品订单为基础，制定产品的生产作业计划，并进行缺料分析与资金需求预算。采购与库存管理情景模拟实训依据缺料分析，制定采购计划并实施采购，待货物抵达仓库时验收入库，并支付货款。生产过程控制情景模拟实训则按照生产作业计划展开领料与生产组装，同时进行产品检验与入库。交货结算及客户服务管理情景模拟实训围绕"订单交货—货款回收—客户回访"业务展开相关情景的模拟。

在实训中，为了增强对各角色的有效协调和控制，并为最终评价提供合理支持，给实训中的一些角色安排了特定任务。如，财务部门在实训中进行记账核算；人力资源部门在实训中开展出勤考核、人员调配、协助教师考核组内各位学生的表现；CEO 在实训准备阶段组织任务分析会，进一步明确各角色的职责和分工，检查部门主管的工作质量，协调部门间的进度和衔接，并作为代表之一参与总结交流。同时，实训指导小组的教师不仅要担当实训过程的控制者和评价者，也要根据不同模块的需求扮演相应的角色（如企业发起人、客户、供应商等），以形成对应的情景，有效地引导学生完成相应实训。

（三）实训教学体系中的教学过程设计

由于学生对知识的接受与理解有一个循序渐进的过程，故情景模拟实训教学分轮次展开。在进入第一轮实训时，按照规划的模块顺序完成实训，让学生初步了解整个实训过程之后交换角色开始新一轮实训，直至最后一轮实训完成。通过反复的模拟训练，让学生加深对知识点的理解。其中，每个模块均设计为 2 课时，完成一轮实训共需 12 课时。在后续的循环实训中，指导老师也可根据学生的实际掌握状况适当缩短课时以增加实训的轮数。此外，为确保整个实训过程中的各模块教学有序进行，并取得预期效果，在执行模块教学流程时，均按照准备、执行、总结与点评三个阶段组织教学。

1. 准备阶段

在要求学生课前预习的基础上，由教师介绍实训模块的内容和过程，让学生明确各自的角色职责及实训的任务和要求。

2. 执行阶段

在实训执行过程中，学生按流程和角色在设计的情景中进行管理业务模拟。

3. 总结与点评阶段

模块实训完成后，首先由学生代表总结自己在实训中的得失及角色认知等，其次由教师点评实训中的成功与不足之处。

四、企业经营沙盘模拟的审计应用开发

传统经营管理审计、经济责任审计课程教学，因为缺乏针对性的模拟实验课予以有效衔接，课堂教学成效亟待提升。企业经营沙盘模拟实验，模拟了一个竞争环境下的多家制造企业连续几年的经营管理决策及财务成果，从而为审计应用开发提供了宝贵的一手材料。

（一）企业经营沙盘模拟审计开发应用的思路与模式

1. 审计应用开发思路

审计应用开发的基本思路是：在企业经营沙盘模拟实验课程基础上，保存完整的实

验成果数据，将企业经营沙盘模拟课程的过程结果，作为进行审计应用开发的原始案例资料和仿真审计环境，再次利用该运营成果数据，开发出相关的审计模拟实验课程，拓展应用于后续的经营管理审计和经济责任审计课程教学中，形成连续的先进行企业经营管理模拟再进行审计模拟的系列实践教学课程体系。

2. 审计应用开发模式

按照课程设置要求，开展企业经营管理沙盘模拟实验课程，存储相关实验数据信息，包括注册的虚拟公司名称、各公司经营管理人员角色分工、各虚拟"运营管理公司"的经营管理决策及运营结果。进行手工沙盘模拟时此项工作量较大，而在电子沙盘中基本上不需要再做额外的工作，相应的模拟公司运营管理信息自动保存在实验系统中，简便易行。

（1）并行式审计应用开发

即在进行企业经营管理沙盘模拟的同时，同步实施跟进相应业务模拟的经营管理审计模拟，如战略决策、市场开拓决策、产品研发决策、营销及广告投放决策、人员组织决策、投融资决策、采购、生产、库存管理等审计，以及生产要素协同组织绩效审计等。这一审计应用开发模式具有时效性强、感悟深刻的优势，但对授课教师的要求较高，需要的课时投入相对较多。

（2）串联式审计应用开发

即在讲授完企业经营管理审计课程后的下一个学期，针对原实验计算机设备中存放的前期企业沙盘模拟资料，单独组织开展事后的企业经营管理审计模拟实验课程。这一审计应用开发模式的时效性、感悟深度不如并行式审计开发应用模式，但讲授内容集中度高，课时投入需求相对较少。

（3）审计应用开发方法

主要采用在原有企业经营沙盘模拟资料基础上进行二次审计应用开发的方法，可归属于实验研究和案例研究结合法。

首先，需要选定一个企业沙盘模拟实验的班级，按照后续审计开发应用的需求，做好先期沙盘模拟实验数据存储的细化要求，开展正常的企业经营管理沙盘模拟实验教学，保存完成的企业沙盘模拟实验成果。

其次，以整个实验班级（对应一个制造行业的多家公司）或其中一个组（对应一家模拟公司）的沙盘模拟实验结果为案例样本，由教师带着学生开展针对性的企业经营管理审计模拟。模拟结束后，教师要以点带面，总结相应经营管理业务模块模拟审计的思路、方法及内容重点。

再次，由参与实验的学生分组实施指定或自选业务模块的审计模拟，总结交流审计模拟的感想、经验得失，教师进行总结点评。

最后，在总结完善上述审计模拟实验做法基础上，形成系统的审计模拟实验课程目标、任务、流程或步骤要求，编写形成审计模拟实验手册，应用于企业经营管理审计实验教学中，实现对原有企业沙盘模拟软件的二次审计开发应用。因现有企业沙盘模拟实验多是借助电子沙盘软件来实现，因而可以在原有电子企业经营沙盘模拟软件基础上，开发增设相应的审计模拟板块。

（二）企业经营沙盘模拟审计开发应用的路径与内容

1. 审计应用开发的前期准备

（1）企业沙盘模拟课程准备

在实验教师的组织引领下，参与企业经营沙盘模拟实验的教学班级，需要根据实验课程设计的要求，分成6~8组，每组由5~6人组成，每组注册成立一家虚拟的制造行业公司，组员分工协作组成该虚拟注册公司的经营管理团队。参与模拟实验的每组代表一家注册成立的公司，由此构建了一个虚拟的制造行业内多家公司相互竞争的市场经营环境。参与模拟实验的每组学生，需要根据企业经营管理的需要，完成经营管理团队的角色分配，熟悉各角色的岗位职责，并认真学习企业经营沙盘模拟实验规则和给定的市场信息，了解分析市场信息，预测把握市场运行的基本趋势，学会在复杂的市场信息中筛选出对公司运营有利的信息，为后续的经营管理决策做好充足的准备。

（2）企业经营管理过程模拟

制造企业经营管理过程模拟，涉及较多业务环节。

市场销售决策。企业的产品销量由广告、价格、渠道、产品质量、市场需求变化等因素决定，实验小组需要依市场情报给予的相关提示信息，做出销售决策。

生产管理决策。每种产品的生产，均需要配备足够数量的原材料、机器生产能力、人力资源以及生产相关费用。科学的资源要素配置是确保最低资源要素投入下产出最大的核心。

质量管理决策。制造行业的产品质量，由产品装配时间、质量管理费用投入共同决定。一般情况下，产品质量管理决策的基本原理是产品装配时间与质量管理费用投入越多，产品质量将越高，废品率越低。

人力资源管理。企业生产经营需要有适当的生产工人、技术人员和销售人员配比。人员招聘数量与生产、研发需求密切相关，招聘成功率与公司待遇密切相关，如何在最佳人员配比、最低人工支出下招聘到满足公司研发生产需要的足够数量人员，是人力资源管理决策的关键。

产品研发管理决策。产品研发将直接影响公司经营，每种产品都有自己的生命周期，当产品进入末期时，如果没有研发新产品进行替代，将直接导致公司经营困境。

采购存储管理决策。采购存储决策主要包括原材料和设备的采购、运输、存储。良好的采购计划管理及执行将为企业生产提供足够的安全保障。除此之外，还有销售运输决策和投融资决策。

（3）企业经营管理角色扮演

企业沙盘模拟涉及的主要管理岗位或部门负责人包括：

首席执行官（CEO）。首席执行官是负责企业运营事务的最高行政官员，相当于总经理，率领整个管理团队负责公司的全面运营，执行董事会的决议，完成董事会提出的目标，主持公司的日常业务活动，经董事会授权，对外签订合同或处理业务，任免经理人员，定期向董事会报告业务情况，并提交年度报告。

首席财务官（CFO）。即传统企业的财务总监、财务经理，负责公司财务和金融方面的所有事务，并据此评估公司的战略目标、市场策略、市场风险。

首席运营官（COO）。首席运营官，相当于副总经理，协助CEO协调各业务板块的运营，以及企业日常管理工作。这个岗位的工作重点，一般会放在产品销售和营销上。

首席营销官（CMO）。一般指企业中负责市场运营工作的高级管理人员，又称为市场部经理或营销总监。主要负责对营销思想进行定位。

首席产品官（CPO）。首席产品官，类似于传统企业的生产经理，主要负责产品形态、设计、质量、价格，负责材料供应商、生产厂家的选择、管理，产品的生产、储存及运输等。

首席人力资源官（CHO）。相当于人力资源部部长，负责公司的人员招聘、培训、奖惩和职位升迁，团队和企业文化建设等。

2.经营管理审计应用开发

（1）战略执行审计

以学生组建成立的虚拟公司为例，首先，可以就现有虚拟公司发展战略制定、执行效果进行审计，依据产品研发前景、市场成长预测、产品开发现状及规律，广告营销、销售渠道、人力资源状况、掌握的核心技术情况，生产机器设备、厂房仓库布局，资金及盈利能力等诸多内外部资源的SWOT分析，审查评价其战略制定的合理性、科学性。其次，审计其战略执行管理能力，包括审查评价其发现战略执行偏差以及及时进行战略修正和调整的制度及执行情况。最后，依据运营结果评价该公司战略发展目标的实现程度。

（2）产品研发设计

产品研发是为应对市场偏好、技术变化而进行的因势而动的重大决策行为，其成功与否，对企业未来的发展影响深远。在企业经营沙盘模拟资料中各公司产品研发决策及执行结果的基本资料，可以模拟开展企业产品研发审计，即审查被审计公司几年产品研发的策略政策制定及执行结果。审查评价其产品研发经费、技术人员投入状况，分析其产品研发资源投入的合理性及成效，追踪分析其投入产出效率低下的原因，诸如市场分析不准确、资源投入结构控制不合理等导致的研发策略政策制定不科学问题、资源投入配比不合理，由此造成的产品研发中断、研发周期过长问题。

（3）采购存储审计

以产品生产所用的原材料为例，采购存储审计模拟主要包括：

原材料采购审计。学生可审查分析材料采购批量批次确定的科学性，是否实现最佳批量采购，如果未做到最佳批量采购，由此导致多占用了多少采购和仓储资金，即未达到最佳采购批量的机会成本，或者是因采购量小导致的停工待料损失。

产品生产主料采购配比审计。产品技术参数对生产产品所用的原料用量有明确的配比要求，因而可以模拟开展生产材料采购的经济性审计，若采购产品生产用料不符合技术配比要求，将会直接影响产品生产量达不到最佳配比，由此导致部分物料闲置成本过高，或者是产量不足问题。

（4）生产计划管理审计

生产计划管理审计模拟，主要关注生产计划任务完成情况及生产计划安排科学性问题。生产计划管理的核心是依据各年度的市场预测，提前布局安排好产品研发、设备购置、原料采购、人员招聘计划，以实现最佳生产要素配置，用最小成本投入，生产出满足订单交付需要的、适销对路的产品。审计模拟中应关注实际生产计划管理中是否存在因研发和生产计划统筹安排不足，未能如期研发出产品，从而导致订单无法交货、带来违约损失的情形；是否存在拿不到订单，导致产品积压或生产能力闲置问题；是否存在材料、人员、设备能力不匹配，从而导致无法生产出订单所需的产量，导致延期交付问题等；以及今后如何在研发、人员招聘、设备采购购置、生产、营销投入之间进行更好的协同安排，挖潜提升效益空间。

（5）质量管理审计

产品质量管理审计模拟主要关注的内容包括：第一，对产品质量管理策略、政策、制度制定及执行进行审计；第二，对产品质量管理进行投入产出效益审计。为了提升产品的质量，企业会进行质量控制投入，包括经费、人员的投入，同时会带来产品质量合格率、顾客满意度、市场份额和销售业绩的提升，因而可以对多投入多产出指标进行数据包络分析，并进行年度间对比分析，用大数据分析结果确保产品质量策略达到更好的效果。

（6）营销管理审计

学生可以对模拟企业各年度的营销学科建设活动开展审计，包括：第一，营销策略选择的有效性审计。通过审查营销策略的制定、营销活动的投入产出及效益情况，分析营销策略制定时考虑欠缺的地方，提出改进的建议；第二，销售渠道建立及销售人员激励政策审计。学生可以根据模拟公司当初进行销售渠道和销售人员经费投入上的决策考量和留住渠道销售商和销售人员的客观情况，通过年度对比分析数据，发现各年度决策成功与失败的地方，和同行业进行比对，发现差距，从而为今后更合理的营销渠道管理和销售人员激励提供改进的建议。

（7）人力资源审计

依据前期模拟企业人力资源管理的基础数据，可模拟开展人力资源管理审计，并提出相应的建议。审计内容主要包括：第一，计划招聘人员与各年度产品生产、研发、销售所需人员数匹配度，是否存在因考虑欠缺导致的人员冗余或短缺问题；第二，人员招聘目标实现情况。学生可以模拟分析企业人员招聘目标实现程度，寻找未实现的原因，提出针对性改进建议，尤其关注招聘数量严格按照产品研发和生产需求进行了准确测算，但因为工资待遇等缺乏竞争力，导致招聘失败的情形；第三，员工能力提升培训、薪酬及晋升等人力资源管理制度的建立健全及执行情况。

（8）投融资管理审计

筹资管理审计。良好的筹资管理能力可以保障企业经营活动的顺利进行，在沙盘模拟经营教学中，学生对模拟企业的筹资管理活动开展审计，模拟审计筹资方式选择的合理性、现有筹资方式风险及成本降低空间。

投资管理审计。良好的投资管理分析，能为企业做出正确的投资决策提供可靠数据。投资决策审计模拟时，要结合企业发展战略布局、市场行情估计等诸多要素，审查判断投资决策考虑因素的完整性、数据的准确性，投资决策方案选择的合理性、规范性，投资监管的有效性等，寻找现有投资管理中可能存在的问题和改进建议。

3.经济责任审计应用开发

在现有企业经营沙盘模拟资料的基础上，除了可以开发企业经营管理审计模拟课程外，还可以对承担重要管理职责的部门负责人开展经济责任审计模拟，以弥补传统经济责任审计课堂理论教学之不足。根据模拟公司的关键岗位管理层设置，在前期各部门负责人分工协作运营管理公司的成果资料基础上，可对虚拟公司中负责各经营管理业务模块的部门主要负责人模拟开展内部经济责任审计，具体内容主要包括：第一，部门负责人对其负责板块的公司经营管理战略的贯彻执行情况及效果，包括主要业绩指标的完成情况；第二，部门负责人对其负责板块的重大决策的制定、执行及效果情况；第三，部门负责人对其负责板块的经营管理控制制度的建立健全及其执行情况；第四，部门负责人对其负责板块的经营管理风险的识别、评估和管控情况；第五，部门负责人对其负责的经营管理板块以前年度审计发现问题的整改落实情况等。

第三节　运营管理仿真

首先要研究目前的市场状况和竞争者的经营状况，再根据企业现有资源做出经营计划，进行各项预算。例如，通过市场调查预测某类电子产品的新一轮技术改革将会有较好的发展前景，而当前企业只有 2 条手工生产线，企业想加快生产速度并投入更多资源改造产品包装。从这个运营情况考虑，可以增加新技术改造的生产线或者是研发新的生产方法用以解决手工生产线生产效率较低的问题，满足当前市场的商品需求从而为企业带来丰富的资源和效益。这个实验环境全部模仿企业实际运作环境，将会涉及客户、工商部门监管等各种角色的参与。

一、企业运作仿真系统平台构建的背景

（一）校外实习

目前我国不少高校与企业建立了校企合作实习基地，但总的来说效果不尽如人意，其原因主要有如下三方面。

企业置身于激烈的竞争环境，企业中每个工作人员的任务繁重，工作压力大，个人尚且自顾不暇，接待学生实习更是忙上添乱。另外，现阶段企业的各项事务处理工作非常复杂，多数企业已开始利用计算机进行事务处理和业务管理，对系统数据的安全性和保密性有一定考虑，同时企业没有接受学生实习的原动力，有的企业即使接受了实习学生，也大多不愿意让没有经验的人接触系统，实习学生基本没有直接参与工作的机会。

学校存在着实习经费不足、实习时间过于集中、实习地点分散等问题，不利于教师指导答疑，不利于对学生进行系统的管理技能培养。

学生去到企业实习更多只是了解现实企业的运行情况，很难有个人发挥的余地，达不到培养学生管理能力的实践目的。

（二）校内模拟实验

国内各高校在经管类实验实践教学中进行各种各样的尝试与探索，曾小彬提出了如何使经管类理论教学与实验教学相辅相成的实践教学体系与运行机制。但现行的无论是利用 ERP 软件系统（包括高校与 ERP 软件供应商共同开发的专项软件），或是创设虚拟社会等方式来进行实践技能的培养模式均还存在较大的不足。基于 ERP 软件的业务模拟只体现了虚拟的业务过程，学生能感受到的是数据链关系，缺乏数据来源的真实感，尤其是无法体验管理的理念和业务间的逻辑性，学生是被动地熟悉 ERP 软件各模块的功能，无法深入地窥视 ERP 的管理哲学。

基于创设虚拟社会进行的企业仿真模拟实验是目前高校中很先进的实验教学平台，在教学中取得了比较理想的效果，但还是明显地存在着一些不足：第一，场景缺乏真实感，学生无法进入企业运营管理状态；第二，业务是虚拟的，所有的企业经营活动都表现在纸面上，以书面的内容要求学生去理解、体会企业的经营过程，实在是一件非常困难的事情；第三，以短时间尺度（例如用几天或几周）去表现真实世界长时间尺度（例如一年或数年），使得业务链的基础数据设计和实验过程业务完成起始时间的真实性监控难度很大，容易导致实验过程中的虚假现象发生；第四，实验规则繁杂，教师和学生在短时间内很难弄清和吃透规则，影响了实验的质量和效果。学生需要一种能够接近逼真企业全程运作、能够真正参与企业运作管理的实验教学平台来应用自己所学的管理理论知识，在应用过程中提升自己的管理能力，见到自己的经营成果。这样的平台将虚拟的系统演变为真实的载体，使学生处于"真实"的企业环境中，亲身经历企业各种业务流程，包括生产计划、供应、制造、市场营销、财务、物流等，由此增强学生的真实感和参与感。这种实验教学平台的研究和开发已成为高等教育工作者和经济管理类专业教师的迫切任务。

二、企业运作仿真系统平台构建

（一）企业运作仿真系统平台主要内容

企业运作仿真系统平台的构建需要从产品设计、基础数据构建、运行规则制定、生产运作环境设计、经营环境设计、经营成果评价及与 ERP 软件无缝对接等方面入手，构建完整的循环运行体系。

1. 产品设计与开发

设计出适合高校环境使用的多种产品，这些产品的设计要求包括体积小、具有 3 层以上的产品结构、可重复拆卸和安装。

2. 基础数据设计

包括生产制造、市场营销、财务等方面的数据设计。

3. 运行规则

市场规则、财务制度与规则的设计。

4. 生产运作环境设计

包括车间、仓储、市场、金融环境和社会其他服务机构等环境，这些环境的设计是仿真能够进行的前提。

5. 经营环境设计

包括原材料供应商、物流公司、客户、金融企业等，通过经营环境的设计能够形成闭合的价值链体系。

6. 实验教学材料的编写与集成

包括基础数据、实验规则、经营环境、生产制造、市场营销和财务等方面的实验教学材料，通过集成形成一整套完整的实验教材。

7. 经营成果评价体系设计与开发

包括经营成果评价体系设计、评价要素设计和评价应用程序设计等。

8. 与 ERP 系统无缝对接设计

确保经营管理过程能够在 ERP 系统上电子化。

（二）企业运作仿真系统实验教学平台构建

企业运作仿真系统实验教学平台构建的主要思路：

1. 经营环境设计

形成闭合的价值链体系，保证企业运作的经营过程能够不断循环，这个设计是企业运作仿真系统的一个重要方面，但不是最核心的方面。

2. 企业运作系统的设计

包括基础数据设计、生产运作系统设计、销售、财务、仓储等设计，这是企业运作仿真系统的核心，是学生实验的主体部分。将真实产品引入企业运作仿真系统进行实验，将开辟一种全新的实验形式，能够将原来的纯数据业务过程模拟转化成实物操作型（实物采购、实物产品装配、实物仓储等）模拟，实验过程能够得到逼真的企业经营过程的感受。企业运作仿真系统实验教学平台如图 5-3 所示。

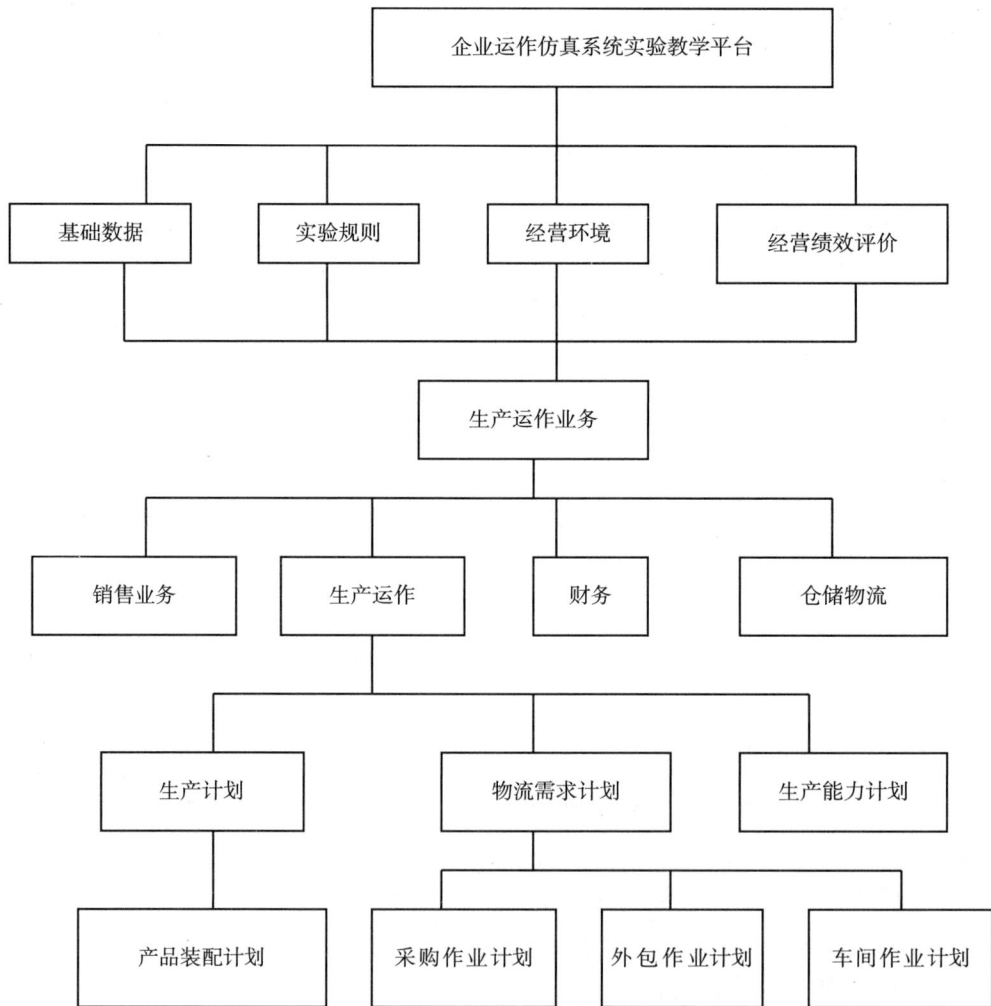

图 5-3　基于生产制造的企业运作仿真真实教学体系

（三）仿真系统实验平台构建的重点及难点

企业运作仿真系统实验平台构建的重点包括多种真实产品的设计，基础数据的构建，规则创建，经营环境设计以及 ERP 系统的无缝对接，尤其是真实生产运作环境设计、开发与布置最为关键，直接关系到仿真实验的效果。企业运作仿真系统实验平台构建的难点：

1. 基础数据设计

实验环境下经营决策所需时间与真实企业是一样的，但产品生产制造周期、市场营销周期、财务处理周期在实验环境下要缩短为几小时，这就要求基础数据的设计既要兼顾经营决策时间的需要，又要能很好体现实验室环境下对生产制造、市场营销和财务处理等以几天的实验来完成企业经营过程一个到多个价值链循环的需要。

2. 整个运作规则建立

包括生产运作规则、市场规则、财务规则以及各种服务供应规则等四大部分，它们要涵盖整个价值链，要能够形成价值链的有效循环。其中最难点为市场规则，包括原材料供应市场规则、产成品销售市场规则以及从用户到供应商的价值链闭合技术。

3. 经营成果评价体系

该体系要求对模拟企业的经营成果进行快速的评价，通过设计评价要素和评价标准，由设计开发的评价程序来完成评价要求。

第四节　业务流程仿真

仿真企业运作成果取决于业务流程的运行，所以一个企业业务流程设计的好坏起到关键作用。例如，通过调查目前的市场需求从而制定企业当前的产品的生产计划。由于企业生产订单的确定、原材料购买、产品生产、产品生产完成、销售产品等一系列业务的运作涉及企业各部门分工合作，需要收集市场的变更信息和企业在人力、财力、管理之间的合理运作。通过这个仿真业务流程，可以考查学生的合作能力和创新精神以及对市场给予的信息反应速度。

一、企业经营模拟平台业务流程的建立

（一）参与角色

企业经营模拟平台供教师和学生使用。教师负责设置平台企业基础经营参数和市场环境参数，并在经营模拟过程中控制时间进度和经营评价。学生需要尽快熟悉系统业务操作，按时完成每季度的企业经营活动。在学生组建小组操作企业时，学生需要担任企业总经理CEO、市场总监CMO、生产总监COO、财务总监CFO、物流总监CLO、信息总监CIO、人力资源管理HR等职位，按照不同身份注册用户，并操作不同的企业功能模块，如表5-1所示。

表5-1　职位操作表

职位	简称	操作中心	操作简述
总经理	CEO	CEO驾驶舱	决策制定

职位	简称	操作中心	操作简述
财务总监	CFO	企业决策查询	贷款，应收应付管理，报表查询
市场总监	CMO	财务结算中心	产品报价，竞单，交货
物流总监	CLO	市场销售中心	原料购买，转让交易
生产总监	COO	采购生产中心	原料采购，产品生产
产品总监	PM	产品研发中心	产品设计和研发
人力资源总监	HR	人力资源中心	人力资源管理

（二）平台公有功能

企业经营模拟平台作为一个在线的企业模拟管理系统，需要具备信息系统的基本功能，如登录设置、权限管理、日志管理和系统说明等。系统还需要预留相应的接口供后续开发。按照系统建设的通用要求，系统应有统一的页面布局、合理的访问控制和权限控制，安全的数据传输和连接中间件等，这些都需要合理的开发框架、插件和控制理论的支持。

（三）业务流程

模拟企业经营模拟平台模拟了生产制造类型的企业从创业准备、企业设立到企业生产运营之间的所有业务流程，使参加学生能够直观具体地感受一个企业从准备筹划、创办企业到产品的设计、生产和制造所有流程。完整的企业经营模拟平台应包括下列主要功能，如表 5-2 所示。

表 5-2　平台经营业务规划

功能分类	功能名称	功能说明
创业准备	组建经营团队	创业准备是学生组建小组，创办公司的第一步骤，学生需要了解相关规则、法律法规，经过对市场、产品和平台规则的了解与分析，制定创业计划和企业短期、长期战略
	学习法律法规	
	租赁办公场地	
	制定公司章程	
	编写创业计划	
企业创立	工商登记	企业设计模拟了创办真实企业所需的各项步骤，企业要按照规定的流程，办理各项手续，以领取工商营业执照为最终目的，完成企业设立
	注资开户	
	账户验资	
	公司刻章	
	税务登记	
	质量检测	
	社会保险	

功能分类	功能名称	功能说明	
企业运营	市场销售	企业运营里包括了企业每季度内的操作，学生按事先分配的角色，进入各自的操作界面	ISO 认证，市场开拓、销售员管理，由 COM 完成。
	产品研发		产品设计、产品开发，由 PM 完成
	人力管理		招聘管理、合同管理、薪酬升级管理，由 HR 完成
	财务结算		财务报表、贷款、应收、应收款。税费缴纳，由 CFO 完成
	采购生产		厂房、库房管理、生产线建设与管理、原料管理、生产管理、生产工人管理，由 CLO 与 COO 完成
	转让交易		订单、原料的转让和认购、产品折现，由 CLO、CMO、COO 共同完成
	决策查询		全部经营记录的查询，由 CEO 操作
	单据查询		查询所有经营活动业中产生的单据，由 CEO 操作

（四）企业评价

在学生经营模拟过程中，学生可以随时查看自身经营状况以及排名情况，同时，教师也应随时关注领先企业和落后企业并给予一定奖励和引导。企业评价可分为财务报表分析、市场占有评价和企业经营效益评价等方面。同时应结合翔实的图表形象具体表现。企业评价功能介绍如表 5-3 所示。

表 5-3 企业评价功能设计

功能分类	功能名称	功能说明
财务报表分析	财务报表查询	提供 CEO 查询各个季度的财务报表
	财务分析	按照企业财务评价模型对财务数据进行分析和横向比较
公司运营成绩	任务完成统计	考查学生是否按时操作平台业务
	运营考核成绩	系统按照企业经营情况和发展状况，从多角度给出对企业运营的单项成绩并给出综合排名
	人员考核成绩	系统按角色不同给出每个参与学生的成绩分数
市场占有对比	整体市场情况	供 CEO 查看整个市场发展情况，订单总量、平均价格等方面数据
	细分市场占有	供 CEO 查看细分市场的具体情况

企业经营模拟平台是依托信息技术和企业生产模式的发展结合而产生的。随着生产模式的改进与发展，企业的生产制造模式从流水线式的大规模批量化生产逐渐转化为迅速响应型的敏捷生产。企业经营模拟平台结合了 ERP 沙盘和虚拟企业平台二者的特点，将教学目标和教学实践过程融入企业经营模拟活动的过程中，让学生在企业经营模拟平台中真正触及企业经营，并能够与现实市场环境结合到一起。

二、企业经营模拟平台业务流程建立过程中关键问题

在企业经营模拟平台的设计和流程建立过程中，企业进销存是关键流程。产品的设计、生产、销售，原料的购买和使用，关系到企业的盈亏。企业中，进销存的购销链，是企业的生命线。特别是生产制造企业的模拟经营过程中，原材料的采购、入库、领料加工、产品入库、销售的动态过程是企业主要业务价值链所在和增值环节。在原有的ERP手工沙盘中，手工沙盘设计了相应的规则来处理和计算整个环节，但是在企业经营模拟平台的开发过程中，围绕着进销存业务出现了如下关键性问题。在企业经营模拟平台系统建设的研究中，除了进销存方面的问题，其他问题也非常重要。如报表的自动生成，企业决策辅助信息的生成，企业财务状况和财务预警，企业市场环境预测等。

（一）竞单问题

在企业经营过程中，尤其是本文所述的生产制造类企业，盈利是企业的第一要务和目标。企业要想成功，首先是能在激烈竞争的环境下生存下去。企业生存的"土壤"是市场，企业需要从市场通过竞争获取订单。但是原有的手工沙盘对订单分配问题的解决方案并不适用于企业经营模拟平台。原有方案的订单总数固定，对参与竞单的企业数量有着严格限制。每年每个市场的产品订单是以固定单价和数量分配给各个企业，订单张数有限，无法满足更多的小组参与竞单。同时，订单的属性固定，市场环境无法调节，系统灵活性差。学生所处的市场环境应是可以根据教师需要进行调节的，提高学生面对风险和挑战的应对能力和决策能力。

在企业经营模拟过程中，企业的主要收入来源就是通过竞单获取来自各个市场的订单并按时交货完成订单。因此，订单分配方案是一个经营模拟环境最重要的环节。一个成功的订单分配模型应该满足以下要求：第一，对企业投入的广告费、营销费用应有相匹配的回报；第二，市场应对企业所提供的产品质量高低做出反应；第三，订单的数量和价格应满足市场规律，利润空间适当，企业通过合理安排生产营销可实现盈利，避免企业投机行为；第四，对占据市场领先地位的企业应有奖励，体现品牌效应；对暂时落后的企业应有前进的空间和机会，激发学生思考。从ERP手工沙盘的订单竞争模式来看，原有的模式不适合多组企业共同竞争，也无法体现市场环境的变化，所以本节将对竞单问题进行深入讨论。

（二）产品设计问题

为了要在市场上抢得头筹，除了要有优秀的广告策略和营销策略，还需要有自身有过硬的产品。这也符合真实市场的发展，因为只有适合消费群体的产品才能充分占领市场。在原有的ERP手工沙盘中，产品设计被固化成固定的BOM，单一的原料组成。在简化流程的同时也失去了对学生判断市场需求能力的训练，失去了对学生市场分析预测能力的锻炼。企业展示给市场的最重要一面就是自身设计的产品。企业应该而且必须按照

市场需求变化来调整自身的产品设计，响应市场变化。企业经营模拟平台提供的每种产品由多类原料构成，每一类原料也有若干种不同选择，企业应根据消费群体的不同，有针对性地选择原料设计产品，同时也重点考察了学生在面对多因素限制条件下如何寻求最优组合的决策能力。

（三）库存管理和成本核算问题

原有的 ERP 手工沙盘规则中，对库存存货的管理只限于库存费的缴纳。在产品生产的成本核算中，也由于是采取固定的原料搭配，方便核算成本和估算成本。不足之处是缺乏灵活性，在此环节缺少学生对产品性能、成本的感知和对产品性价比的理解。在企业经营模拟平台中生产制造过程中，系统为企业的产品设计、生产提供了自定义选择权，企业根据市场需求情况，自行设计符合要求的产品进行送样，企业就会涉及多种存货的购买使用、存放、出库和入库操作。平台为企业提供了多种原料来源、企业可以提前购买、紧急订购还可以通过交易中心从其他企业中购进原料；同时，企业产品也因为不同生产线会产生不同的加工费，均摊到产品上造成产品价值的不同。因此，在平台中需要一套完整的库存管理模型支撑企业成本核算功能。

三、企业经营模拟平台业务的模型构建

（一）竞单问题及竞单分配模型

在企业经营模拟平台中，由学生组成的小组负责企业的全部业务流程，经营目标是实现企业盈利，并占据市场领先地位，为股东创造最大价值。在企业经营模拟过程中，订单的获取关乎企业命脉。在这个虚拟的市场环境中，企业盈利的主要途径就是从市场获取订单并完成订单获得收入，因此，虚拟市场竞单模型的客观性、真实性和合理性是至关重要的。同时，教师也应该能够根据企业竞单记录和订单获取结果进行评价，从而学生可以从竞单结果中得到反馈，改进竞单方案，得到学习和提升。

1. 模型必要性

在企业经营模拟平台的市场环境中，每年的生产工作分为四个季度，每年的订单分配期为每年的第一季度。在每年的第一季度中，各个小组需要在各个市场上为企业开发的每一类型产品进行竞单报价。市场根据所有小组的报价情况，综合考虑企业经营状态、市场环境中所有企业的发展情况、市场环境情况和教师期望市场发展情况等一系列因素合理分配订单。在原有的手工 ERP 沙盘经营模拟中，也引用了一套竞单系统。在手工 ERP 沙盘经营模拟中，订单是固定的，每年每个市场中有 7~20 张产品类型、单价、数量均不相同的订单，各个小组按照一定优先级确定订单选取顺序并分配订单。优先级依据包括广告投入的金额大小、是否为去年该市场的市场龙头等。确定订单选取顺序后，依次进行选单。但是 ERP 手工沙盘尽管在软件系统的辅助下完成竞单，但还是具有如下的不足之处：

所有订单是事先已确定的，固定数量的订单，无法更改。但是参与小组组数可以从五组到八组任意组合，订单数无法根据人数进行调整，导致企业发展受到制约。

由于订单数量是确定的，容易造成订单分配结果两极分化。比如共有六个小组参与竞单，但是订单有 7 张。这样竞单顺序第一的小组就可以拿到两份订单，比其他组领先很多，市场地位稳健。

在第二年后，市场地位的重要性十分突出，导致学生不惜代价争取市场地位，付出高额广告费却难以获得足够订单，忽略了企业支出和收入的平衡，导致市场恶性循环。

总之，这套系统在面对组数较少的竞单活动中，虽然可以人为干预竞单结果进行调整，却也不适合企业经营模拟平台中的竞单活动和订单分配。本模型的提出解决了上述订单分配不公和不合理的情况，还具备以下的创新点：

各个市场上的订单总量不再是固定数值，而是根据所有企业当前生产能力总量确定。使这个虚拟市场中需求和供给相匹配，不会出现订单过多使企业盈利过于简单和订单过少企业难以维持经营的两种极端情况。

订单分配考虑市场环境情况，根据由教师制定的市场发展变化趋势和价格走势，确定各个企业获得的订单数量和价格。确保学生根据市场预测的叙述加以分析可以较为精确地投放广告。

市场领先地位作为模型参数的一部分加入计算，不再是影响竞单分配的首要因素。学生需要考虑争取市场领先地位所付出的成本是否满足企业的盈利需要。

在竞单分配之后，市场会根据学生在竞单上投入的成本和获得的订单情况以及预计生产情况进行综合分析，给出学生竞单记录分析。学生可以根据广告投入情况和报价等的评价结果综合确定下一年度广告策略，是一个启发式教学引导功能。

2. 参数分析

（1）企业发展参数

企业经营模拟平台的竞单及竞单评价模型的一个重要参数是企业自身发展情况。市场环境是教师事先规定和设置好的，而企业的发展情况却因各个小组的企业发展战略不同而各不相同。企业自身发展情况在订单获取的过程中起到重要作用。在订单获取能力方面，企业自身发展情况分为如下方面：生产能力、营销能力、财务状况，资产情况，客户满意度。系统将从这些方面评价企业，并赋予相应权重加以计算。

1）企业生产能力

企业生产能力算法输入：企业生产状态（具体包括企业生产线情况，资金状况，产品与原材料库存量，产品与原材料仓库占有情况等）。

企业生产能力算法输出：企业生产能力 [具体包括一年（四季度）或者其他指定时间段内，各个季度最大生产产品数以及资金占用和使用情况]。

企业生产能力可以理解为企业在一定的资金支持下产出产品的速度，也可以理解为企业在未来一段时间内，根据现有生产线生产能力，使用一定量的资金可以预计产出多少产品。企业生产能力包括资金在生产产品的利用效率，如，依靠现有生产线，生产3000个产品需要花费30亿资金；也包括企业生产潜力评价，例如企业在本年度最多可制造3000个产品，但如果新建生产线可以生产5000个满足市场需求，当然这种潜在的生产能力是需要额外付出资金的。

首先确定产品生产能力中的产品数量。产品必须由生产线制造而出。生产线状态分为建设中，空闲，生产中，转型中，已出售。其中在研究前期生产能力时，只考虑空闲状态的生产线，研究包括生产潜力的生产能力时，考虑建设中建成后、生产中和转型中的生产线完成当前任务的预期生产能力。

2）企业营销能力

企业营销能力的优秀程度应体现在以下方面：

在各个市场上投入的广告费合理。企业的广告费制定应在学生对企业全面分析成本费用的基础上，按照既定的广告投入战略进行。

在各个市场上分配营销人员数量合理，能力合理在订单系统评价企业营销能力时，营销人员这一因素不应该成为企业销售产品数量的瓶颈，如果企业因为营销人员的销售能力不能满足企业在某市场内所投的竞单记录，企业在此市场中将无法获得订单。

能够根据生产能力准确填报产品数量企业可以采取保守的广告投放策略，严格按照生产能力填报需求订单产品数量，企业也可以采取激进的广告策略，申报超过自身生产能力的数量。系统允许企业在一定程度上争取最大利益的订单形式，但是会对无法按时交货的企业进行惩罚。在企业经营模拟平台系统中，营销能力体现为企业销售人员配备情况、市场开发情况、ISO认证情况和在各个市场之中广告投放情况。其中，若想取得某一市场的订单，则必须完成这一市场的开拓，同时，某些市场的订单需求ISO认证，企业也必须取得相应的ISO认证，否则无法获取订单。

3）企业产品设计

企业的产品设计由企业自主设定。企业需要根据市场需求特点不同选择合适的原材料搭配并投入资金和时间开发。

4）企业发展评价

订单获取能力模型通过获取全部企业的当前生产规模情况，通过上述生产能力模型计算整个市场环境在未来一年（四个季度）的生产能力，乘以一个市场发展速度指数。这个指数就是市场给全部企业的平均发展空间。模型按照权重矩阵分配订单给各个企业相应订单，各组学生合理安排生产完成订单可以使企业正常运转。

在企业发展评价中，系统主要评价企业比之前年度的进步程度，考察因素以百分比形式量化，使规模较小，前期发展缓慢的企业一个得到高评价的机会。评价中主要涉及因素包括：企业总资产、未分配利润、企业累计销售收入。

（2）市场环境参数

订单的分配结果是基于市场总体环境、每个企业发展情况和所有企业发展情况而确定的。订单的分配应满足如下要求：

1）尽可能企业需求

针对每个细分市场的每种产品，系统均有分配一定数量的产品订单，在符合市场规律和订单规则、不侵害其他企业利益的前提下，企业所得到的订单的数量应尽量多，价格尽量高。

2）合理合规

订单影响因素应事先告知各个参与企业，因此，本模型产出的订单分配算法必须要满足相应因素的大小。比如在其他条件均相同情况下，广告投入多的企业一定要比投入少的企业获取更多的订单、报价较高的企业一定要比报价低的企业拿到较少的订单等。这些因素是学生制定广告策略的基本依据，不能在原则上出现问题。

3）满足市场发展

本市场环境是模拟现实环境简化演变而来，更重要的作用是培养学生企业管理的能力。因此，市场环境参数的设定既要对企业有一定挑战性，又要让学生在经营中拥有盈利机会。

（3）订单竞争因素

每个小组在每年第一季度前段时间需要完成广告投放业务。具体包括确定每个细分市场上每种已开发完成的产品的广告费、需求产品的最低价格、需求产品数量。

1）广告费、

没有在市场投放广告费，就不能参与竞单活动，拿不到销售订单。各组的广告费水平等于自身投放金额占总体的百分比。

2）产品报价

产品报价是公司针对具体市场给出的产品出售价格。该价格应该综合公司生产能力以及各种费用总和，并综合考虑市场行情而确定。企业按照市场发展趋势，自行估算报价。但是报价有着合理区间的限制，如果企业胡乱报价，不考虑市场接受的区间，将不会分配订单。

3）产品数量

产品数量是公司愿意出售的产品数量。订单数量不会超过公司填报的出售数量。产品数量要根据公司的生产能力与库存水平，还有市场对该类产品的需求来确定。系统确定订单数量时，会参照企业的生产能力和申报的产品数量，申报数量在生产能力的一定范围时予以认可，超过一定范围会极大减少订单数量。

（二）产品设计问题及产品设计评价模型

在原有的 ERP 手工沙盘中，学生不需要进行产品设计，只需要决策是否研发某种产品，其原材料组成也是固定的。这种系统设定的优点在于所有企业生产产品均相同，便于企业间的交易，交货方便，便于市场方检验产品正确性。但是在企业经营模拟平台中，产品设计可以作为一个企业竞争的重要组成部分。产品设计模型的构建意义如下：

（1）锻炼学生分析市场需求的能力

每个细分市场对产品的需求都有不同的侧重点。不同市场对产品的属性要求不一样，这就需要企业分析每种产品的原料构成对产品性能的影响，针对市场需求的特点设计产品。原有的 ERP 手工沙盘规则中无法考察企业在此方面的能力。

（2）锻炼学生库存控制和管理能力

学生针对不同产品设计不同原料构成的物料清单，需要学生在生产时按照不同的原料需求购进原料。对学生的采购计划制订是一个不小的挑战。

产品设计不仅涉及产品原材料构成，企业在设计产品时还需要考虑采取不同原料所带来的成本差异。企业需要计算产品的成本和在不同市场中带来的产品设计评价水平，不同的设计有不同的评价分数，同时带来的盈利水平也不同。综合考虑这些因素，也是系统对学生的多方面因素决策能力水平的考查。

（三）模型构建

针对产品设计，或者说产品原材料的组成需求情况是不同的。不同设计的同类产品在同一个细分市场中的设计评价是不同的。产品设计评价会影响到竞单结果，企业应尽量设计符合市场需求的产品，争取数量更多、利润更高的订单。一个产品的每个原料对该组成的评分贡献是不同的，成本也不同。

模型除了需要设计原料功能价值系数，还需要给出对于不同市场需求情况说明。学生通过阅读市场情况说明和产品偏好，结合原料特点解释，可以正确设计出符合市场需求的一类或几类产品。满足市场的产品设计可以有多种原材料组合，各个企业必须根据盈利水平和成本费用消耗水平进行合理选择。

第六章　大数据技术在虚拟仿真实验中的应用

第一节　大数据在虚拟仿真实验数据库建设上的应用

大数据在教学资源平台建设上的应用主要体现在大数据的大量资源将极大扩充实验教学体系，在虚拟仿真实验平台中，所有数据都源于真实的实验记录，因此可以将各高校相应的实验数据都上传到同一个网络平台，进而拓宽实验类型及数据规模，搭建虚拟仿真实验平台的学校可以不断更新仿真实验中所需的数据。虚拟仿真技术、数据库技术和网络信息技术相结合，虚拟仿真实验项目数量逐渐增多，数据资源库逐渐完备，各个学科领域最新最前沿的知识将进入课堂，进入教学中去，共同搭建更加丰富、完整的虚拟仿真实验平台。

一、教学辅助权限控制模块

（一）对 Web 用户访问界面的限制

对界面的访问控制需要对平台 RBAC 机制的默认处理函数进行修改。为了满足实际应用需求，需要在实验平台中创建教师 teacher 和助教 assistant 两个角色，并将系统中的所有权限操作按模块划分为多个 json 文件，在文件中写入权限操作的标识字符串作为 key，所需的角色作为 value，为了与原 OpenStack 平台保持一致，同样将 json 权限文件放到 Horizon 组件的 openstack_dashboard/conf 目录下，此外需要修改组件源码中 openstack_auth.policy._get_enforcer 函数的文件读取部分，使用 os.listdir（filepath）代替原 policy_files = getattr（settings，'POLICY_FILES'，{}）获取 openstack_dashboard 的 conf 目录下存储的所有 json 文件，并使用 split 函数将文件名称作为 key，文件全名作为 value 构造字典数据结构作为 policy_files 值。至此，便可利用平台自身的 RBAC 机制完成教学辅助系统用户的权限控制。下面则是教学管理模块对应的 json 文件中发布实验的权限键值对，发布实验操作仅由教师用户执行。

（二）对自动化部署脚本文件的使用限制

自动化部署脚本在系统中数量和命名是不确定的，通过权限配置文件管理脚本的访问权限较为复杂，因此采用数据库表记录的方式进行权限控制。在管理员编写完毕并授权后，在相应的脚本文件数据库表中保存脚本的存储路径，并在教师发布实验时附加上可使用的脚本文件在数据库表中的主键值。学生发起实验请求后，权限控制模块通过查询相应的实验相关数据库表记录，获取实验允许使用的自动化部署脚本的路径，再将路径信息输入到环境自动化部署接口，最后由自动化部署模块完成环境部署。由于路径的获取只能通过相应的实验操作发起，保证了部署脚本仅可在此次实验中允许使用。

（三）对学生实验现场文件的访问限制

学生实验现场文件属于镜像文件，该文件在平台表现为以通用唯一标识码（UUID）为名称的数据文件，并在镜像数据库表中存储该 UUID。为了区分普通镜像文件和学生实验现场文件，在学生结束实验后会保存实验虚拟机镜像 UUID 至实验完成情况数据库表中，权限控制模块会在教师用户登录后便开启子线程查询所教授的学生的所有实验现场文件 UUID，并使用线程休眠定时更新这个集合。权限控制模块只负责加载当前登录用户所有可跨权限访问的镜像文件集合，只有在真正使用这些镜像文件，如现场重现模块工作时，才能进行跨权限访问。

（四）优秀实验成果展示现场的访问限制

用于展示实验成果的虚拟机是班级范围内的共享资源，因此需要限制班级用户对该虚拟机内部的文件操作。优秀实验成果虚拟机是教师通过现场重现模块创建的，创建时会在优秀实验成果数据库表中保存作者用户的 id 信息，而权限控制模块会比对当前登录用户与作者用户的 id 信息，不相同则表示当前登录用户对该虚拟机内部文件仅有"读"权限，模块此时只会暴露虚拟机的 Guest 账号密码；相同则暴露普通用的账号密码，通过虚拟机操作系统自带的权限管理机制对内部文件进行访问控制。

二、实验资源配置模块

实验资源配置模块可按功能划分为资源申请和资源回收两个子模块。资源申请子模块主要用于改变原平台在计算资源分配方面的诸多限制，使资源分配更加符合实验教学场景需求；资源回收子模块主要用于过期实验资源的回收，从而提升平台资源的利用率。下面将分别介绍两个子模块的实现。

（一）资源申请子模块

学生可以使用资源申请子模块生成实验临时资源申请表单，并通过初始化函数限制表单字段值的上下界，填写提交后系统会将学生申请的各类实验资源转换为 json 字符串，并获取表单 request 对象中存储的学生 id 信息以及当前时间戳（作为此次实验资源的申请时间），之后再将这些信息存入实验临时资源申请表中，通过表中学生 id 字段查询对应的班级和授课教师信息，保证仅有学生所在班级的授课教师有权限进行实验用临时资源审批。教师在审批时，同样会生成实验资源表单，此时的初始化函数会额外预填充字段值为学生对应的资源申请值，教师同意申请后，审批的资源会以 json 字符串覆盖原字段值，并通过 SSHClient 运行编写的权限脚本文件，该脚本文件会在当前 bash 环境中设置 OpenStack 环境变量，再根据学生申请的实验用临时资源按类型分别调用 Nova、Neutron、Glance 组件完成对应类型资源的扩充。

（二）资源回收子模块

按回收操作的发起者可将临时资源回收分为教师手动回收和系统自动回收。为避免回收过度导致学生总实验资源严重不足从而引起大批量的实验资源申请，资源回收子模块限制资源回收的对象只能是那些申请过实验用临时资源并且未过期的学生。教师手动回收时系统需要检查实验临时资源申请表是否有相关记录，并联合项目资源总量表、项目资源使用量表计算出该学生目前空闲资源配额，为避免回收后学生总实验资源小于使用中的实验资源导致回收失败，教师只可对空闲资源进行手动回收；同时考虑到基础平台 OpenStack 采用 Django 作为 Web 框架，因此可以使用 django-crontab 设置定时任务。django-crontab 依赖于 Linux 的 crontab 定时任务命令，得益于 crontab 细粒度的定时特性，可以使临时资源回收检查更加精确。另外模块自动资源回收需要在真正回收之前预留时间给学生进行相应的处理，学生可以根据实际需求选择再次申请或直接放弃，因此剩余资源不足时的自动回收采用延迟回收策略，首次回收会获取系统中所有待回收虚拟机列表并挂起列表中所有虚拟机，同时持久化到 last_suspended.servers 文件，在下次回收时会读取该文件并根据学生当前资源大小调用 Nova、Glance 组件进行相应的操作。

三、自动化环境部署模块

由于 Ansible 需要 ssh 和 python 的环境支持，因此需要使用 libguestfs-tools 工具对下载的官方云镜像进行定制化，开启账号密码登录并安装 ssh 及 python 环境。Ansible 脚本指令的运行需要 hosts 主机文件、yml 启动文件以及 roles 部署脚本，管理员需要根据实际需求编写相应的启动文件和部署脚本，而对于 hosts 主机文件，考虑到系统实际的开发应用场景，在自动化部署前会进行 hosts 文件构造，文件内容为需要进行自动化部署的虚拟机 ip 及账号密码，文件名为 request 中存储的学生 id 信息。根据《大数据管理》课程实验的需求，管理员需要针对 My SQL、Mongo DB、Neo4j 等数据库的各种部署模式分别编写并发布相应的部署脚本，使教师在发布班级实验时能够进行多类型数据库部署模式的任意组合。

在 OpenStack 平台中创建虚拟机需要使用消息队列 Rabbit MQ 向 Nova 组件发送相应的请求，因此实际创建存在一定的延迟性，为避免因创建延迟带来的部署失败，在自动化部署真正开始之前，使用心跳检测机制判断目标虚拟机是否创建完毕，该心跳监测机制会向虚拟机分配的浮动 ip 循环发送多次 ping 命令，若有一半以上的 ping 命令返回正确结果，则判定目标虚拟机已经创建完毕，为避免创建失败导致反复触发心跳机制引起死循环，需要设置时间阈值，若虚拟机创建时间戳与当前时间戳差值超过阈值则判定创建失败，抛出异常并释放资源。另外，由于 Ansible 服务端为搭建基础平台 OpenStack 的物理服务器，因此每次执行自动化部署时都会由物理服务器主动建立与虚拟机的 ssh 连接，为了避免因复用虚拟机 ip 导致 ssh 连接建立失败，每次建立 ssh 连接前需读取 known_hosts 文件，判断当前使用的 ip 是否复用，若是，则需要删除 known_hosts 文件中复用 ip 的密钥信息。

教师发布实验后，模块会将指定的数据库环境组合存入实验表。学生自动化部署实验环境时，首先会通过 Nova、Neutron 组件判断学生剩余的资源是否可以支持默认的实验环境，资源不足时可以使用降级策略，使用伪分布式部署方式代替分布式部署，并将实验完成情况表中的降级标识位（默认为 0）置 1。另外在自动化部署分布式环境时，为了确保集群中虚拟机 hostname 的唯一性，在创建虚拟机时，通过组合时间戳和学生 uuid 信息构建标识字符串，并使用 cloud-init 脚本更改虚拟机的 hostname 为标识字符串。

四、现场重现模块

学生完成实验后，系统会调用 Nova、Glance 组件对学生的实验虚拟机进行快照操作，生成对应的备份镜像，考虑到镜像命名的唯一性，执行快照时会直接将虚拟机的唯一标识字符串加上当前时间戳作为备份镜像名称，并将创建的镜像的 id 存入实验完成情况表的相应字段。另外为了避免学生误删虚拟机镜像导致现场重现失败，模块会将虚拟机的镜像文件通过 HdfsClient 上传到 HDFS 分布式文件系统中。真正执行现场重现功能时，原生的 OpenStack 平台可能会出现两个问题，如图 6-1 所示。

学生未删除实验虚拟机镜像，但由于基础平台 OpenStack 的权限系统限制了快照的可访问性，在教师重现现场时会因为权限问题导致重现失败。因此模块会在教师发出现场重现请求时，先判断该镜像文件是否存在于权限控制模块维护的当前登录用户所有可跨权限操作的镜像文件集合，若不存在则抛出异常，否则通过 SSHClient 运行编写的权限脚本文件，在当前 bash 环境中设置 OpenStack 环境变量，再使用 Glance 组件修改对应镜像文件的可访问性，并在现场重现完毕后重置。

学生误删除实验虚拟机镜像，此时会因为无法加载虚拟机镜像导致重现失败。因此模块首先会从 HDFS 分布式文件系统中加载实验完成情况表中存储的镜像文件，并通过 Glance 组件进行上传，在现场重现完毕后会从系统中移除上传的镜像。

开始

学生提交实验报告并进行虚拟机快照操作

上传虚拟机备份镜像文件至HDFS分布式文件系统

教师发起现场重现请求，判断镜像文件是否存在于当前用户可跨权限操作的镜像文件集合

判断学生虚拟机镜像是否存在

Y → 运行权限脚本文件，修改镜像文件的可访问性

教师使用镜像文件创建虚拟机

运行权限脚本文件，复原镜像文件的可访问性

N → 连接HDFS获取备份的虚拟机镜像文件

上传镜像文件至OpenStack

教师使用镜像文件创建虚拟机

删除上传的镜像文件

抛出异常

结束

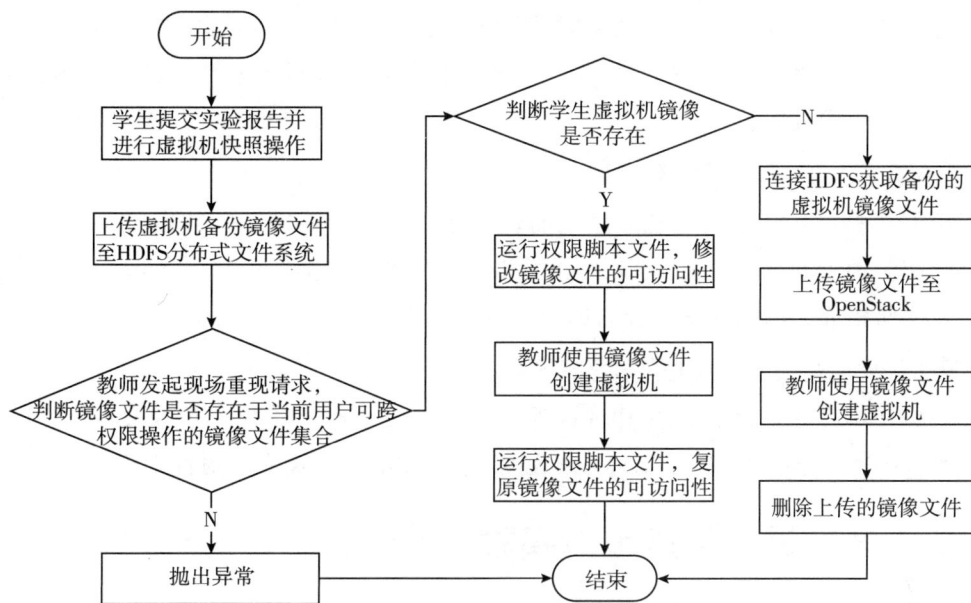

图 6-1　现场重现流程图

第二节　大数据在虚拟仿真实验智能分析模块中的应用

大数据在虚拟仿真实验智能分析模块中的应用主要体现在采集实验数据，进行归类、总结、分析，在实验过程中智能分析学生在操作过程中出现的问题，给予提示或帮助，让学生能够顺利完成实验，并及时补全自己没有掌握的知识点，然后将实验数据及分析结果反馈给教师，帮助教师及时掌握学生学习情况，动态改变教学内容、教学方法、教学安排。此外，智能分析模块能够智能分析各个参数的影响和对比分析，能够帮助学生对实验原理理解得更加透彻。

一、构建基于大数据网络虚拟实验智能分析平台的意义

大数据时代的到来，为教育工作也带来了很大的挑战，同时也带来了契机。大数据时代最宝贵的是数据，而在虚拟平台实验过程中可以获得学生在实验过程中的大量数据信息，例如：在平台中拖动了什么设备，删除了什么设备，输入了什么命令，打开浏览器查询了什么信息等。如果将这些数据记录下来，那么就可以获得大量且珍贵的数据信息。如何有效利用这些信息，就需要借助于数据挖掘和机器学习技术对这些数据进行分析。目前数据挖掘和机器学习相关算法已经非常成熟，并在各个领域的大数据分析中得到广泛的应用，这也为分析实验课程中的大数据信息提供了技术保障。在大数据时代下进行计算机网络实验课程虚拟实验下的教学改革有着重要意义。

（一）创新教学模式，提高学生积极性

虚拟实验平台应用的大数据分析，能够及时跟踪学生的实验过程，并对实验过程进

行及时地指导，以免学生在实验结束时才发现错误，导致实验必须从头开始。将分析结果和实验过程有效地结合起来，能够一定程度上弥补教师不能够及时辅导产生的问题，调动学生学习的积极性。

（二）提高学生实验课程的效率

传统的实验过程，学生发现问题的时候，通过向老师提出问题或在网络中查询相关信息来解决。而通过改革虚拟实验平台，可从学生的历史操作记录中了解学生在实验过程中需要哪些相关的辅助知识，及时给学生提供帮助。

（三）能更加有效了解学生的学习情况

实验操作中存在的问题往往和理论课程密切相关。通过实验平台的改革，教师可以从实验过程中了解学生存在的问题，在理论课程中才能够更加有针对性地进行补充。

二、大数据下网络虚拟实验智能分析平台的构建

目前有越来越多的人关注教育方面的大数据应用的研究，例如谭忠理等提出了基于云计算的大数据和教学实训平台，谭翔纬等提出了在大数据背景下 Java 课程的教学改革，也提出了通过采集 Java 课程相关的各种数据，以获取学生平时学习情况，并利用模型自动进行考核。而在实验课程中的大数据研究主要是针对实验平台考虑的，缺乏对数据的分析，无法利用分析的结果来指导教学的改革。

（一）大数据下网络虚拟实验智能分析平台的总体框架

首先依托云计算平台构建大数据实验的教学平台。利用 Hadoop 和 HDFS 构建大数据分析、管理、存储的实验教学平台，并依托云平台构建网络虚拟实验室。大数据下计算机网络实验课程的网络虚拟实验智能分析平台总体框架设计如图 6-2 所示。

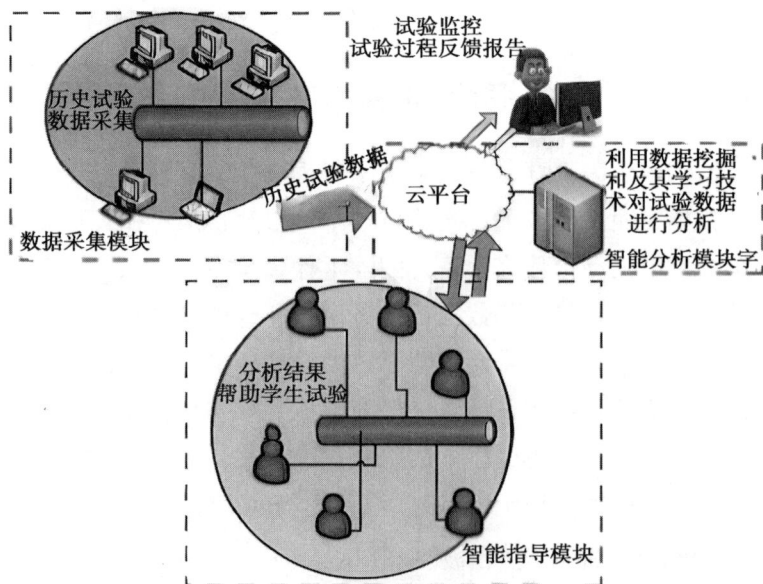

图 6-2　网络虚拟实验智能分析平台的总体架构

1. 数据采集模块

在每台学生实验机中安装电脑的操作记录爬虫，将学生在整个实验过程中的所有操作（虚拟平台的实验操作以及平台之外的所有操作）记录下来，上传给云平台。

2. 智能分析模块

云平台利用数据挖掘和机器学习技术对历史实验数据进行建模，调整对现有的虚拟平台的功能，例如：学习过程中提供学生需要的辅助知识等。

3. 智能指导模块

新使用虚拟平台的学生的数据也通过爬虫实时送到云平台进行处理。模型根据学生当前的几步操作分析其问题，并实时反馈给教师以及学生，帮助教师了解学生的实验情况，同时可及时纠正学生实验中出现的问题。在新用户使用过程中产生的操作数据也被记录下来，不断修正智能模型。

（二）智能分析模块的功能

智能分析模块主要是指在采集了大量学生的实验操作数据的基础上对数据进行分析处理，该模块是整个系统的大脑，需要运用数据挖掘技术和机器学习的相关算法对收集的数据进行分析。该模块主要包括下面 3 个功能。

1. 实验辅助知识的完善

不同高校使用教程的差异以及教师水平的差异，导致学生接受的知识层面存在很大的差异，所以智能平台系统能够根据高校自身学生历年的历史数据分析学生需要的辅助知识，这部分可以通过数据挖掘技术分析在各个实验过程中学生常见的查询信息，并对这些信息进行自动聚类，根据聚类结果自动从 web 中获取相关知识，供学生在实验过程中使用。

2. 实验操作的建模

利用机器学习算法从云平台的历史操作数据中对各个实验过程进行建模，如图 6-3 所示，使得模型能够有效地根据用户的操作步骤识别其步骤错误操作的可能性，并给出学生建议。

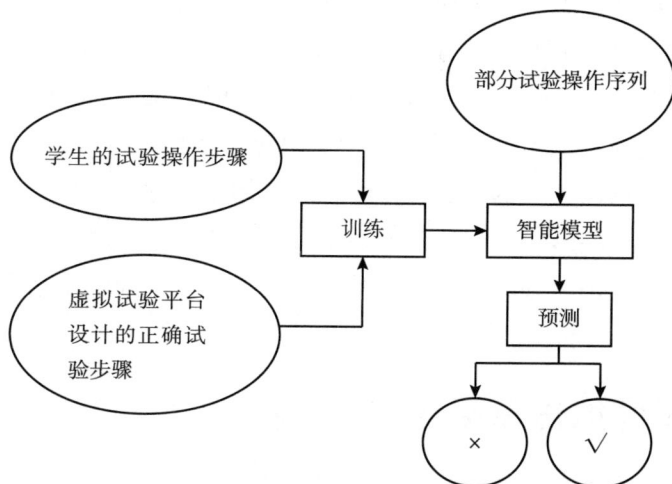

图 6-3　智能模型建模流程

3. 实验操作和理论知识点的关联

根据学生实验操作的历史数据，利用机器学习中的聚类算法对错误信息进行聚类，然后将聚类结果和计算机网络课程的知识点计算相似性，建立相似关联，并将分析结果汇总供教师参考。

（三）智能指导模块的功能智能分析

模块主要指学生在虚拟平台实验操作过程中，智能平台对学生的实验过程进行监督指导，该模块主要包括下面 3 个功能。

1. 相关知识推荐

学生在实验过程中，当某个步骤出现疑问，无法继续时，可以查看相关的知识推荐，然后根据学习的结果再继续后续的实验步骤。在传统的实验中，当学生在实验过程中出现疑问时，可能不知道去查询哪些相关知识能够有效解决问题，因此知识推荐就能够有针对性帮助学生解决实验过程中的疑惑，提高实验的效果，激发学生的学习积极性。

2. 实验助手

将学生在实验过程中的每个步骤及时发送到云平台进行分析，当学生在实验过程中出现问题时，实验助手及时给出建议（而不是直接给出正确的步骤）提醒，学生根据提醒再仔细分析先前的实验步骤以及参数设置，再进行修正。如果学生在某个步骤中多次尝试都无法正确进行，实验助手要及时将消息发送到教师端，教师再根据消息进行指导。

3. 错误分析报告

错误分析报告主要是供教师使用，将本班学生该次实验的结果及时进行分析，以便教师掌握该次实验的情况，并根据分析报告对教学内容进行调整。

第三节　大数据在虚拟仿真实验教学管理模块中的应用

在虚拟仿真实验教学过程中实现信息化管理，虚拟仿真实验教学管理模块主要包括实验教学管理、实验教务管理与实验教学资源管理。此模块可以通过大数据和云计算，分析用户的学习行为数据，针对用户行为做出有效及时的反馈。教师根据教学管理模块得到反馈信息，及时掌握每个学生的实验学习情况，并加强多媒体、网络技术的应用，提出实现多阶段、多层次实验的开放教学、管理具体实施方案。基于多媒体虚拟现实技术，结合大数据库，扩展虚拟平台的理论知识讲解、计算公式说明等专业知识的介绍模块，以及仪器参数、工作流程的介绍，完善实验教学与理论的紧密结合，探索虚实结合的具体实施方案。

一、基于虚拟仿真平台的教学模式

目前经济管理类专业理论课程授课主要以传统课堂教学为主，知识点及技能以教材为主，此种教学方式使得学生对企业组织的概念认知较为模糊，无法真正了解企业组织的内涵及发展方向，此种现象同样体现在"运营管理"课程教学中，学生对企业生产经营活动需求不清晰。这种传统的教学模式很难真正达到经济管理类专业人才培养目标，不利于学生今后的实习、就业及创新创业。因此，需要探索新的教学方法，尝试在理论教学中引入实践类资源，例如企业参观、理论与实训相结合等，但都存在一定的不足之处。企业参观成本较高且存在一定安全隐患，申请、审批等手续比较繁琐，可操作性不强；而理实结合则由于实训软件内容与理论课程内容不吻合且比较单一，学生很难真正理解运营管理的精髓。

（一）"运营管理"课程教学现状

"运营管理"属于经济管理类专业的学科基础课程。运营管理是对运营过程的计划、组织、实施和控制，因此可被看作是管理学的扩展、深化和具体化，使管理学的过程和方法与企业经营活动更具体地联系起来。"运营管理"课程知识体系从通过运营管理赢得竞争优势到运营系统的规划与设计、运营系统的运行与控制，再到运营系统的更新与改善，构成一个产品生产和服务提供的完整运营系统，其中，运营系统的规划与设计、运营系统的运行与控制是核心内容。此外随着经济快速发展，供应链管理还有其他一些新型运营方式相继涌现，以使现代企业组织不断尝试、探索更贴合自身的运营模式，从而提升组织效率和效益，进而创造出更具竞争优势的产品和服务，以在当前不断变化、竞争激烈的全球经济环境中更好地生存与发展。

从运营管理知识体系可以看出，部分知识比较抽象，且与企业运营实践紧密相关，例如设施布置中的部门、车间、机器设备等的布局，以及生产车间里的流水生产线；生产产品过程中，根据最终产品的交货期、物料清单（BOM）及其库存信息，如何将物料需求计划（MRP）展开形成生产作业计划和采购计划，从而保证物料及时筹措到位，按交货期交付产品；再如准时生产JIT中的看板管理，如何帮助制造企业提高顾客服务水平、降低库存水平、提高生产率，从而更具竞争力。如果这些知识的讲解都在黑板上展开，则描述不够形象、立体且十分呆板，学生不易理解，这会对调动学生学习的积极性与主动性造成一定的困扰，课堂教学效果不理想、教学质量不佳。此外，"运营管理"课程的授课对象多为低年级学生，他们缺乏社会实践经验，对企业的认知甚少，从而难以真切理解和领会运营管理职能的实质，以及与产品生产和服务提供密切相关的各项管理工作如何有效开展。如果安排学生到真实企业参观，一是学生无法在短期内接触到企业的核心业务；二是对企业来说接待容量有限，难以满足大批量学生的学习需求；三是存在一定的安全隐患，且教学实践成本较高，很难在每学期开课过程中得以实施。

（二）虚拟仿真技术在"运营管理"课程中的应用

结合课程特点、课程内容和虚拟仿真教学设计的基本原则，探索基于"运营管理"课程内容的虚拟仿真教学模式，更好地实现针对本课程的"教、学、做"一体化教学设计。

1. 教学模式及教学目标

该教学模式由知识导入、企业认知、经营感知、运营模拟、分析总结五个单元组成，具体内容及教学目标如下。

（1）知识导入

通过理论知识的学习，要求学生掌握运营管理的相关概念和思想，理解并掌握运营管理知识的体系架构，同时能将其应用于实践，解决企业运营过程中的实际问题，为就业和创新创业奠定厚实的理论基础。

（2）企业认知

借助虚拟仿真教学平台，通过让学生角色扮演、组建团队来认识企业的整体运营流程，包括组织结构、岗位职责、运营规则、供应商与客户信息、物料信息、财务信息等，让学生对企业及其运营流程有初步的认识。

（3）经营感知

在企业认知的基础上，通过让学生观看虚拟仿真教学平台展现的协同采购、产销协同等企业运营流程实景，提升学生对企业采购、生产、销售等主要运营流程的理解。

（4）运营模拟

在经营感知的基础上，通过可视化教学平台与虚拟仿真企业的业务互动，让学生协同参与企业计划、采购、仓储、生产、销售、财务等各项经营实践，真实体验企业生产一线与管理一线的业务流程，从而提升学生对企业综合运营的把控能力和业务协同能力。

（5）分析总结

通过对以上各教学单元的回顾，巩固学生对于"运营管理"课程融入虚拟仿真教学环节的收获和认知，从而达到知企业、懂管理、熟业务、会经营、善思考的教学目标。

2. 虚拟仿真教学模式的优势

（1）熟悉企业布局和组织架构

该虚拟仿真教学平台虚拟了一个企业组织并还原了企业布局，包括采购部、销售部、财务部等办公区域，以及备料区、生产线、成品区等生产区域，组织架构中有总经理、销售主管、仓储主管、生产主管、采购主管和财务主管6个岗位。这样学生可以从宏观角度了解入职的虚拟企业的基本概况，从而为后续了解企业各项业务流程及各部门业务奠定基础。基于此，在"企业认知"单元，学生可以在此高度仿真的职业情境中根据自身特点，以及对岗位职责的了解、对企业运营流程和业务的把握竞选总经理或其他主管职位并组建团队，有助于培养学生的沟通合作能力。此外，可随时随地开展此项教学活动，省去与企业接洽等一系列环节，在一定程度上可以节约教学成本、节省时间。

（2）揭开企业运营过程的黑箱

通过将现代AR+感知技术的虚拟仿真技术与课堂教学更紧密地结合起来，可以使学生在模拟的基于企业真实的动态场景中认识企业从原材料输入到产品输出的全过程管理，不仅包括企业供产销、财务等核心业务的管理流程，还包括生产车间一线的运作流程。这主要体现在经营感知和运营模拟两个教学单元，其中经营感知单元是自动演示模式，即虚拟仿真教学平台自动进行协同产销、协同采购的场景演绎，并配有各位主管之间的对话，学生全程观看学习；运营模拟单元是人机交互模式，即学生借助该平台进入虚拟场景，并通过外部交互设备，如键盘或鼠标等，进行销售接单、生产计划、采购计划、领料生产、采购到货、补料生产、完工入库、销售发货、财务结算等各运营环节的数据推送。图6-4为企业运营流程场景模拟图。通过图6-4可以看出，虚拟仿真教学平台还原了真实企业的运营流程场景，生动形象地展现了企业中的工作人员、设备等，学生身临其境、沉浸其中，感受企业运营中的组织管理、流程管理和协作管理，可使学生更好地理解课堂理论教学内容，也拉近了企业与课堂之间的距离，从而消除学生对企业的陌生感，为今后的实习、就业等奠定良好的基础。

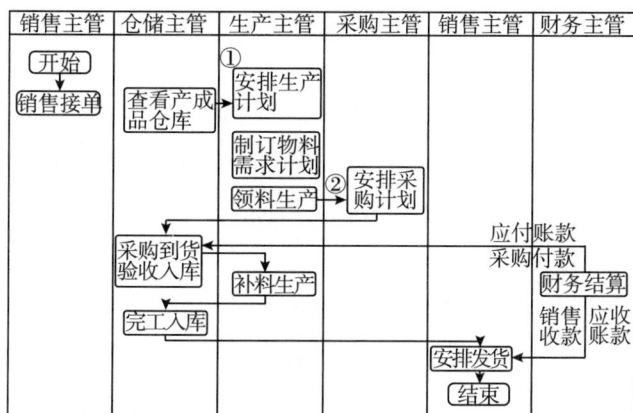

注：①产成品仓库库存无法满足订单需求；②原材料仓库库存无法满足生产需求

图6-4　企业运营流程场景模拟图

（3）激发学生的积极性与创造性

传统的课堂教学主要以教材为载体，教师是课堂的主导者，部分知识抽象难懂，学生只能被动聆听，可能会导致学生学习动力不足、参与感不强、课堂互动效果不明显。而虚拟仿真教学模式有效改善了以往传统线下课堂教学方法，在原来的基础上融入场景感知教学、参与式教学等多种教学方法。在这种教学模式下，师生角色随着教学单元的陆续推进发生变化，主要体现在企业认知单元和运营模拟单元，教师不再是课堂活动的主导，而转变为活动的组织者、业务引导者；学生成为线下教学活动的主导，是活动的参与者和职场人员，从而参与企业的运营过程，以获得运营企业的切身体验。在该虚拟仿真教学模式下，学生可以更好地理解运营管理的基础知识，并可将对企业业务流程、岗位工作场景的体会和认识运用于企业的经营实践中，学以致用。更重要的是，该教学模式使课堂教学更加丰富多彩，良好的沉浸感和互动性在一定程度上能够激发学生的学习兴趣，使学生更积极地参与课堂教学，从而活跃课堂气氛，也有助于提高教学质量。

二、虚拟仿真实验教学体系的构建

完整的实验教学体系，是指通过创建一种布局合理、结构清晰的实验教学模式，能够将所有实验教学相关要素都包容在内，并实现要素之间系统化的紧密连接与融合互动，保证学生能力培养分层分段、实验课程内容按部就班、实验教学管理服务规范有序、考核评价严格细致、资源配置合理高效，实现实验教学运行通畅顺利，人才培养一气呵成的实验教学体系。经营类专业实验教学体系，是针对经营类学科知识特性与经营类专业学生特点，根据构建实验教学体系基本原则而构建的完整的实验教学体系。完整的实验教学体系既可以保证各要素专项功能的充分发挥，又可以通过各要素的协调统一保证整个体系总体功能的实现，而且总体功能要远大于各要素的功能之和。

（一）经营类专业实验教学体系理论架构

经营类专业实验教学体系可细分为目标体系、内容体系、管理体系与保障体系4个体系进行具体设计构建。

1. 目标体系

指实验教学的人才培养目标，确定人才培养目标是构建实验教学体系的首要任务，实现人才培养目标是实验教学体系开发和运转的最终目的。

2. 内容体系

指根据人才培养目标，通过对实验教学各个环节进行配置而形成的教学内容，主要包括教学方案、教学大纲、实验课程、教学手段和方法等，是实验教学体系的具体体现。

3. 管理体系

主要由实验教学的组织机构及相关人员、规章制度、管理方法与方式、考核评估办法等组成，是高校开办与管理实验教学必不可少的基本配置体系。

4. 保障体系

主要由实验教学师资队伍、实验仪器设备、实验室、校内外实验教学基地等组成，是保证实验教学顺利开展的支撑体系。

（二）经营类专业实验教学体系具体构建

实验教学是实现应用型创新人才培养的重要手段，是实践教学体系的主体环节，是与学校理论教学体系并重的教学组成部分。学校从实验教学的发展现状出发，以培养学生能力为导向，以改善实验教学内容、教学方法和手段为重点，以完善实验教学管理、优化实验教学资源、强化教学队伍为抓手，构建一个结构合理、功能齐全、特色鲜明的经营类实验教学体系。形成了系统化、规范化、完整化的能力培养模式。

1. 目标体系构建

（1）一个核心

根据学校人才培养目标与实验教学定位确定经营类实验教学人才培养核心目标：培

养综合素质高、应用能力强、富有创新精神和创业意识的应用型创新人才。

（2）三个层次

根据应用型创新人才所需具备的各种能力，由浅入深，将人才培养目标细分为三个阶段的几个层次，形成一个递进式的人才培养流水线。即本科一、二年级，培养学生基础应用能力；本科三年级，培养学生综合应用能力；本科四年级及毕业后，培养学生创新创业能力。

2. 内容体系构建

（1）三个类型

按照教学实验对培养学生实验能力的作用，从学生的认知规律与思维活动特点出发，可以构建基础型实验、综合型实验、创新型实验三个类型的教学实验。

基础型实验。指用来对学生所学知识中的某一概念、理论或原理进行说明与验证，或对某一实验方法、技术进行解读与演示的实验。这类实验主要以认知性、演示性、验证性实验为主，特点主要有实验内容的单一性、实验结果的确定性或可预料性以及实验步骤与操作程序的规范性。

综合型实验。指实验项目涉及多项实验任务，实验内容涵盖多门课程内容甚至多个专业课程内容，培养学生对多种实验方法的综合运用能力的实验，这类实验的特点主要是具有实验内容的复合性、实验方法的多元性以及实验结果的综合性。

创新型实验。这类实验包括新理论的研究、解决问题的新办法与新方法的创设、各类新技术与新产品实物的开发等，特点是具有实验内容的自主性、实验结果的未知性以及实验方法与手段的创新性。

（2）六个模块

根据实验类型要求与具体实验内容，可将实验细分为六个模块，即公共基础实验、专业基础实验、专业综合实验、跨专业综合实验、科研创新实验与创业仿真实验。

公共基础实验。主要包括根据经营类专业基础课程而开设的共性、通识实验课程，目的是让经营类学生了解并掌握必备的基础知识与基本实验技能，培养动手操作能力。

专业基础实验。主要是针对各个经营类专业而设置的基础实验课程，用来夯实和提高学生的专业基本技能，培养专业素质。

专业综合实验。主要是将一个专业的多门课程内容融合在一起而设置的专项综合实验课程，用来弥补知识点之间、课程之间的缝隙，培养学生专业知识与技术的综合运用能力。

跨专业综合实验。主要是面向整个经营类专业，打破具体专业之间的壁垒，将多个专业的课程内容融合在一起而开设的实验课程，培养学生对已学各种知识与技术的综合运用能力。

科研创新实验。主要通过学生参加教师科研项目、开展大学生科研项目申报工作和举办大学生科研创新活动等来实现，目的是将科研与实验教学相结合，激发学生科研兴趣，调动学生自主学习与独立研究的积极性，培养学生的科学研究与开拓创新能力。

创业仿真实验。主要是通过开展校企合作创业项目、举办各种创业大赛，利用各种虚拟仿真实验平台来完成，目的是引导学生由被动学习转向主动学习，鼓励支持学生自主创业，提高学生的创业思维与能力。

3. 管理体系构建

（1）管理机构

教务处。负责将实验教学纳入学校教学总体管理，组织各二级学院制定实验课程教学大纲、建设与采购实验教材、监督检查实验课开课情况、考核评估实验教学质量与效果以及对实验教学优秀成果进行表彰奖励等工作。

二级学院。负责本学院各专业实验教学计划的制订与实施、具体实验课程教学大纲与教材的编写、实验课程教师的配置以及具体实验课程考核办法的制定与实施等工作。

实验教学中心。负责实验教学管理人员、技术人员的组织安排、实验教学场地的建设装修、实验教学软硬件资源的配备管理以及实验教学信息化平台的创建管理等工作。

科研处。负责科研实验室的规划建设与日常管理、科研项目与实验教学的结合利用等工作。

团委与就业指导处。负责组织各类竞赛和社会实践调查，创新创业实践等工作。

网络信息中心。负责辅助实验教学中心进行实验教学信息化平台的建设工作。

（2）管理制度

为规范实验教学管理，明确各部门单位责任要求，学校制定两级实验教学管理制度。

学校管理制度。顾全大局，在学校实验教学总体发展规划、实验教学管理单位职责、固定资产管理与处理办法、实验场所安全与卫生管理、学生社会实践活动与创新创业工作管理、实验教学考核评价与质量保证等各方面，都制定规范、系统的规章制度。

分管部门管理制度。学校下属实验教学部门依照校规校纪，对自己的分管工作、岗位职责制定更加细致、严格的规章制度，包括部门工作任务、岗位职责、工作人员行为准则与考核办法等。

（3）评价体系

强化实验教学考核评估多元化，构建科学合理、健全完善的实验教学评价体系。

评价主体多元化。评价主体不仅应包括学校教学机构、教师、学生，还应该包括校外与学校有长期合作关系的企业、经营类专业学生就业率较为密集的工作单位等，社会评价反映了学校培养学生就业、创业能力的最终结果，是学校教学质量的最终体现。

评价内容多元化。实验教学评价内容应包括实验教学体系的所有构成要素，考核评价应以人才培养目标为中心，以实验教学各个环节为切入点，对实验教学的目标与类型、实验教学环境、实验教学队伍、实验教学资源、实验教学效果等各项内容进行逐项检查。

评价方式多元化。定性评价与定量评价相结合，定性评价侧重于评价的主观性，定量评价侧重于评价的客观性，客观决定主观，主观反映客观；形成性评价与终结性评价相结合，形成性评价是针对实验教学过程中师生的行为、态度、表现等所做出的发展性评价，终结性评价是在一个实验教学阶段末期对实验教学结果所做出的整体评价，两者相互结合，确保考核评估符合事实真相。

4.保障体系构建

（1）师资队伍组建

一支结构合理、数量充足、实验教学有经验、实践创新有能力的师资队伍是保障实验教学水平与质量的关键。

加强"双师型"师资队伍建设。制定实验教师选培或轮训制度，定期派送教师到对口企事业单位进行一线学习，直接参与工作实践，进行专业技术训练，为教师提供更多的获取职业资格证书和专业技术资格证书的机会与渠道；引进一批具有娴熟的技术操作与指导能力、丰富的企业实践和社会经验的专业人士担任外聘兼职教师，扩大"双师型"师资队伍组队范围与数量。

加强"年轻型"师资队伍建设。在人才引进、教师选聘、教师考核评价的政策与制度上提高对实验教师的重视与待遇，强化教师对实验教学的关注与爱好，推动高学历、高学位年轻教师积极向实验教师发展。

加强"科研型"师资队伍建设。积极开展各式各样的实验教研活动，利用目前实验教学与科研创新与日俱进的联系与融合，主动将善于研究、勇于创新的高职称教师纳入实验教学师资队伍。

（2）信息化平台

实验教学体系的创建与运行需要有信息化技术的搭配与支撑，组建灵活开放的信息化平台是实现实验教学资源整合与共享的重要手段。学校紧跟教育信息化步伐，借助多种高新技术与设备进一步加快实验教学信息化建设进程，实现实验教学各类资源的整合优化与开放共享。

硬件方面，利用数字化校园网，实现学校内网、外网以及无线网建设，采用树型网络拓扑结构，将学校所有实验楼的网络节点连接在一起，使用万兆交换机连接学校网络中心服务器，千兆交换机连接实验室学生机，保证实验室内上万台计算机能够同时上网，各类软件系统网上运行通顺流畅。

软件方面，学校利用多媒体、云计算、大数据、虚拟仿真等多种信息化技术，建立虚拟仿真实验教学运行与管理平台，对实验教学课程资源、软硬件资源、数据库资源等方面进行统一管理与全面控制，实现系统维护的远程化、教学资源的集成化、教学功能的一体化、系统架构的模块化、教学环境的网络化、开发工具的智能化。

（3）实验教学基地

学校不断加强与政府机关或企事业单位的联系合作，扩大与企业、政府的合作范围及数量，形成"学校＋企业＋政府"三位一体的合作格局。企事业单位能够为学生提供真实的业务工作环境与充足的岗位实践场所，学生也可以在实验、实践中辅助企事业单位完成各项工作任务，实现合作双方互利互惠。

三、典型案例分析

分析虚拟仿真实验在课程教学中的重要性，以构建 Access 数据库应用课程的 SPOC 虚拟仿真实验应用为例，探讨在线虚拟仿真实验在数据库应用 SPOC 课程中的运用过程，阐述经过重构的课程内容体系和实施方略，通过学生成绩的数据对比说明教学效果，目的是为探索虚拟实验在数据库应用课程教学领域的应用做出有益尝试。

（一）MOOC/SPOC 课程建设背景

Access 数据库应用是面向全联大非计算机专业的通识教育公共基础课。在教改中为了增强学生学习的积极性和主动性，从 2016 年起开始在北京理工大学李凤霞教授的大学计算机课程 MOOC 上搭建本课程的 SPOC，同时也在理工科惠虚拟实验云平台上搭建与数据库技术与应用课程配套的在线虚拟实验课程，将虚拟实验项目与在线课程应用相结合，为教学助理。这个课程建设方案将在线课程和在线实验一并考虑，用虚拟仿真实验方法解决在线实验问题，推动了教学改革的深入开展。

（二）虚拟仿真实验在课程教学中的重要性

由于传统课堂教学方式重理论讲授，重视结论，轻视过程，从源头上剥离了知识与智力的内在联系，无法激发学生独立思考的自主学习能力，很难让学生发现问题、分析问题和解决问题，难以调动学生的聪明才智、独特个性和创新能力。虚拟仿真技术的虚拟性、逼真性、交互性等在现代课堂教学中能够弥补传统教学中的不足，充分发挥其特色，有效地辅助教师现代课堂教学，切实推进现代教育广泛、深入、有效地应用数字信息技术，不断提升现代高校虚拟仿真平台、虚拟仿真动画、网络课程、虚拟环境的建设，全面加强数字信息技术支撑现代课堂教学改革发展的能力，以先进的现代教育数字信息技术改造传统教育教学模式，以信息化促进教育现代化的进程。

对于多媒体仿真技术在现代高校教学过程中的应用，特别是课堂教学中无法实际操作的难度较高的教学内容，如"数据存储 3 个阶段的数据访问过程，利用文件系统和数据库系统是如何进行数据共享的""数据库的三层模型和模型之间的映射关系是什么"这些学生在原有教学模式中无法感受和体会到的知识点，通过虚拟仿真技术形象化的虚拟实验，能够直观地解决课堂讲解中学生很难理解的数据访问问题。针对实际课程有的放矢，依据课程特点设计合理有效的虚拟实验，可以极大地提高学生的学习效率、学习主动性、学习积极性和创新性，实现可视化的实时交互，同时还可以针对教学方法提出实际改革方案，探索科学的虚拟仿真实验教学模式。做好现代化数据库应用教学领域虚拟仿真实验的研究与应用，具有深远的意义。

（三）虚拟仿真实验在课程 SPOC 建设中的探索

1. 重构课程内容体系

Access 数据库应用课程是大学计算机基础课程的后续课程，根据课程教学目标，如何让虚拟仿真实验助力教学？必须打破传统教学的条条框框，将课程内容体系进行重新架构，充分体现"价值塑造—知识探究—能力培养"三位一体的内容体系。教学方式包括课堂教学、线下上机实验、线上虚拟实验、在线 SPOC 学习等多个环节。通过课程内容重构逐渐探索出适合本课程翻转课堂教学模式的改革。

2. 引入虚拟仿真实验

引入优质资源、利用先进技术，这是新一轮教改的主导思路。SPOC 是一个开设容易、扩展方便，既可借助教学质量较高的名校资源，又能针对本学校教学培养方案的自由灵活的教学平台。在原有教学内容的基础上，添加虚拟仿真实验视频播放、小测验、课堂讨论等环节。在与北京理工大学计算机 MOOC 的 SPOC 对接中，合理引入了理工科惠虚拟实验工场里的模拟仿真实验。该平台是架构在云服务上的一个功能完备的在线实验教学支持系统，提供多课程、多类型、多功能、可定制、可扩展的成套实验教学解决方案，其中，有适合大学计算机基础的，有适合程序设计开发的，也有适合数据库应用的。这种先进的、逼真的、可视化的虚拟实验使教学理论与实践融为一体。采用问题导引、项目导学、任务驱动、层次实践等模式，将理论教学内容与实践训练紧密联系，能够有效避免理论教学和实践教学脱节的问题，真正实现教学与实践相融合。

3. 重构教学的实施方略

Access 数据库应用课程基于 OBE 理念的六维教学目标组织教学内容，将思想政治教育、学科前沿知识、行业产业发展有机融入教学内容，构建价值塑造—知识探究—能力培养三位一体的内容体系；充分利用线上线下教学手段的多样性，形成"课前自主导学、课中知识内化、课后拓展提升"的教学实施流程。课程对传统教学内容进行重塑，采用"问题导引、项目导学"的教学模式，发挥教师"导读、导听、导思、导做"的作用，扮演好"导学、督学、助学及促学"的角色，充分利用线上线下教学资源，采用多样性的教学手段，形成"课前自主学习、课中知识内化、课后拓展提升"的教学实施流程。课程内容围绕先进信息技术进行设计，涵盖从数据处理到大数据、虚拟仿真数据点采集与处理等，将前沿的扩展知识运用到课程学习中且层次教学满足个性需求。面向复杂的数据库项目设计问题的分层次的个性化教学，让学生选择感兴趣的专题进行学习交流和实践训练，充分体现以学生为中心的教学理念；理论基础与实践应用结合、知识应用与项目设计结合、基本技能与创新意识结合、线上线下和课内课外相结合。以导带学，注重过程，使"教"与"学"的形式更加多样化，更加活泼。

4. 制订多元化的考核评价方式

在线上线下混合式教学模式中，除了注重终结性评价（包括章节测试成绩和期末考试成绩）外，更注重形成性评价（包括线上学习情况、虚拟实验成绩、出勤情况、作业情况、作品设计情况等），尽可能对学生有一个全面的认识和了解，以此对学生进行综合评价。

第七章　企业经营仿真系统在实践教学中的应用策略

第一节　组建团队

在企业经营模拟比赛中，由于比赛模拟系统的复杂性，一个人难以承担其所有任务，必须要多人分工，各司其职，组建团队，成立公司。组建的虚拟公司和现实公司基本一致，其组织机构由首席执行官、生产经理、营销总监、财务总监等构成。公司在首席执行官的领导下团结协作、共同决策，完成 8-10 年的经营。对于管理专业的学生，通过组建团队的过程，可以让学生深刻认识到科学的组织机构以及团队协作的重要性。

一、企业经营团队的组建

（一）按照成员拥有共同的价值观的要求来组建

企业经营团队。建立企业经营团队应选择价值观与团队拥戴的价值观相同或相似的成员来加入。所谓"道不同，不相为谋"，团队成员拥有共同或相似的价值观，对企业事务有相同或相似的价值判断，价值取向方能一致才容易取得相互的认同和协作，从而减少因价值观不同而引发的各种矛盾和纠纷减少内耗。企业经营沙盘团队也应该按此要求来组建要选择职业意识、经营理念、营销观念相同或相似的人员组建团队，同时要求团队成员双向选择使得成员之间有一定程度的相互认可和熟悉度能相互容纳和合作，在思想感情上不会产生太多的陌生和隔阂，为今后的信任和默契合作奠定一个良好的基础。

（二）按照团队成员拥有共同目标与愿景的要求来组建

企业经营团队。企业经营团队都肩负着一定的职责和使命，要促使成员履行好这些职责和使命团队就必须确立一个令人激情向往的目标与愿景，并希望团队成员能将它作为个人的目标与愿景来追求。在团队组建时团队会将成员是否认同团队的目标与愿景这一条作为衡量标准来选择成员、组建团队，目的是吸收具有优秀品质的成员，汇集正能量大家心往一处想，劲往一处使共同创造团队佳绩。在企业经营沙盘模拟中选取渴望获取经营佳绩、对团队未来充满向往和激情的成员加盟团队是组建优秀团队的一个先决条件。团队拥有这样的成员越多，热情越高，求胜欲望越浓，越有利于团队精神的营造和今后的沙盘模拟竞争。如果所组建的团队其成员的目标和愿景不明或不一致团队就会缺乏朝气和激情。这样的话，今后的团队管理应尽快开展相应的补救改善工作促成其成员树立与团队一致的目标和愿景。

（三）按照团队成员角色配置多元性的要求来组建

企业经营团队。组建经营团队需要各种职务（位）人选，为了能够让团队获得才能和素质较为匹配的成员来履行各个职务（位）的职责使命。在团队成员的选择上强调角色配置的多元化，每个职务（位）都应配备与职务（位）角色承担的职责相适的人才，以做到成员既能独立完成自身的职责使命，又能与其他成员形成良好的团队协作和角色互补，以有效地完成团队承担的整体任务和使命。在经营沙盘模拟运作中，各个经营领域的工作都较为独立与繁忙，作为协作链条的一部分，任何一项工作出现差错都会导致产生连锁反应，没有一定才能和独立工作能力的人是很难胜任工作的。所以团队的CEO必须选择具有领导才能和统帅能力的人来担当；财务总监必须精通财务知识与技能；营销总监必须有市场经营的敏锐性和营销才能；生产总监必须具有生产知识，熟悉生产流程；物流总监必须有原材料准确适时采购配送等的能力。如果角色配置不恰当，局部的缺陷会导致整体的不良，影响全局。例如，某一企业经营沙盘团队在财务总监位置上配置的角色能力不足，不仅对企业经营预算造成影响，在财务报表的计算填制上也不时出现失误，导致在竞赛中被扣罚将近100分，最终团队虽然在总分上高出其他三等奖将近2000分，但却以比二等奖最后一名少7分被挤出二等奖的行列。

二、企业团队精神的培养

（一）通过感情投入促成团队成员对团队的强烈归属感与一体化感

培养团队精神要在团队成员关系的改善方面做出努力，通过各种途径和办法加强感情投入，培养团队成员对团队的归属感与一体化感产生精神依赖，从而形成一种内聚力使得团队成员对团队的感情难以割舍，衍生出对团队的忠诚感和为维护团队利益做出奉献的思想情怀，从而产生强大的团队力量。在企业经营沙盘模拟中优秀的队伍往往善于利用外部竞争压力来唤起团队的凝聚力和竞争求胜的情绪，强化团队意识，团结一致地去迎接各种困难和挑战。如果团队没能唤起成员对团队的归属感与一体化感，队伍就会是一盘散沙，面对竞争就会未击即溃。曾经有一届企业经营沙盘模拟大赛，某名牌院校的参赛队伍在大赛即将开始之时却因为队员意见严重分歧而放弃参赛，显现出这支队伍的团队意识、团队荣誉感之缺乏。由此可见，即使是由才智优良的精英人才组成的队伍，如果无法形成良好的团队意识其队伍也是没有战斗力的。

（二）采用利益分享培养团队

成员对团队事务的尽心尽力。团队是个整体团队成员在利益上连成一体在团队中团队利益也即个体利益。在团队精神的培养上采用利益分享将成员的利益捆绑在一起，团队竞争成败的荣辱与每个人都直接相关会形成一荣俱荣、一损俱损的格局，容易唤起团队成员主动地维护团队的利益，对团队事务尽心尽力和全方位投入。要做到这一点，团队组织的利益分享要建立在重视团队整体绩效和强调团队奖励而非个人奖励的基础之上，促使成员将团队的利益看得重于个人利益，端正团队成员对团队事务和工作的态度，以激励团队协作追求共同进步和提高实现团队整体绩效最优，而不是一两个人或局部最优。虽然企业经营沙盘模拟是一种学习方式，没有太多的实质利益，但企业经营沙盘团队对竞赛荣誉的归因也是一种利益体现，如果把竞赛获胜的功劳归于某个人却把失败的责任归结于另一个人，这样的归因是不利于团队激励的。

（三）运用责任共担强化各成员间的相互协作与共同责任心

培养团队精神，要在团队成员之间关系的改善方面做出努力，要通过责任共担来强化各成员的共同责任心，使之在团队事务上勇担重任和相互协作，将团队的事当成自己的事，做事不推诿，主动承担责任。企业经营沙盘团队强调每个人的经营运作与团队竞争运作成败的成果相关联，要求每个成员主动承担起责任来，审慎处理好各自环节的经营运作，使其成效符合团队整体运作的目标要求。

三、企业开展团队良性运作的管理措施和办法

（一）建立良好的分工与协作机制

团队精神培养要求运用责任共担强化各成员间的相互协作和共同责任心，但这并不等于没有分工。团队的运作是建立在团队成员分工与协作的基础上的。没有合理的分工团队事务会出现任务承担的疏漏，有分工而没有协作会形成各自为政、不能互补的局面。要做到既有分工又有协作，必须依靠良好的分工与协作机制促成。

团队要建立这样的机制：每个成员各有职责分工，要将别人作为自己服务的对象，为别人的工作着想做好协作。但又不以此划线，在完成自身职责而力所能及的情况下要帮助别人工作或兼任监督、参谋的角色，对团队承担共同责任，以确保团队整体运作的良好进行。分工与协作要考虑到人的个性和社会性因素，人的能力大小个性是否互补、人际关系是否和谐都是形成团队战斗力的影响因素。团队分工与协作做好了就有可能达到单个人不是最优而团队整体整合到最优的"一加一大于二"的境界。在企业经营沙盘团队中除了要按照职务（位）角色进行分工，还要确定一些具体经营运作环节的工作应由谁来把关负责，如订单接单的登记和计算、交单先后的策划安排、电子沙盘经营流程操作等。为了确保万无一失，有的工作任务还要采用双职位分工负责，如原材料采购数量和采购排期的分配计算、财务报表的分析计算等。有了严密的分工，才可以防范在千头万绪的繁忙运作中出现工作的遗漏和失误。但分工并不等于分家，在运作中经常要进行协作，例如，对电子沙盘经营流程操作实行共同监督，对订单接单实行跨职位的监督

与复查、厂房租、转买、生产线转产时段等实行任意人提醒的做法都是团队协作的典型表现。

（二）打造有利于科学决策的组织管理体制

团队作为新型的企业组织单元，它与传统科层制组织单元具有不同的体制和文化，它提倡组织决策的民主透明，倾向于充分发挥团队成员的集体力量和智慧参与决策。需要建立科学的组织管理体制和营造平等宽松的制度文化氛围，为团队成员融入团队、充分发挥其主观能动性和创造性开创良好的团队环境。而要做到这一点团队的架构应该按照扁平组织的架构设置，以利于各成员能较易获取经营一线信息，有相应权力分享团队信息和研究成果，并鼓励每个成员对团队事务发表意见甚至允许成员跨部门提出相关建议。在企业经营沙盘团队制定经营规划时期往往要依靠各部门成员集思广益开展综合的决策研究，进行不同方案的财务测算与比较，制定企业经营规划。

（三）营造良好的信任、默契的沟通氛围

团队是个成员关系紧密的群体，在这一群体中要保持紧密的团队成员关系，良好的沟通和互动是不可或缺的。沟通和互动可以加强情感交流和信息传递，减少各种误解和隔阂以准确的传递信息，提高团队运作效率和减少失误，可以增强成员间感情提高工作热情和积极性形成强大的团队凝聚力。而良好的沟通和互动需要信任和默契。团队必须通过各种途径和办法培养和营造团队成员间信任、默契的沟通氛围，以求实现高效地沟通和互动。如果团队成员不善于沟通，有话不说，有情不报，往往造成沟通的不畅或误会。一个具有良好沟通习惯和氛围的企业经营沙盘，团队成员间沟通默契到位，团队成员事务往往会适时得到别人的善意提醒，一个眼神、一个简单的手势都能取得沟通的实效，减少了信息传递的失误，使信息能得到及时、准确的通报。

（四）强化团队行动执行力与打造快速的危机应急反应能力

一个优秀的团队，强调成员的参与。而这一参与不但需要决策的参与还需要行动执行的参与，这就需要成员具备良好的行动执行力。在企业经营沙盘模拟中若团队成员的行动执行力弱往往会导致团队在决策执行上的不协调或因操作失误导致整个团队行动方案遭受挫折。因此团队在执行力方面，既要求成员能协作互动减少运作失误确保正确有力地执行决策，又要求能根据具体情况随机应变，调整运作从而提高运作效率和运作成果。

第二节　制订发展战略

公司的战略定向是公司取得成功的关键。决策团队将负责制定公司的未来发展方向，无论是定位全国或区域，低价或高价，品牌或贴牌，将完全由团队自行决定。决策团队可以决定公司产品的价格、质量、服务是定位于低端、中端还是高端；可以决定重点推

广自有品牌或加强公司的贴牌代加工生产；可以决定是把销售重心放在专卖店还是公司开自己的品牌店；可以固守公司现有的长三角和环渤海工厂或是在珠三角和中西部开设新厂；也可以根据战略来调整公司的资本结构和借贷比例。一切战略的考核标准在于公司经营者是否能实现预定的利润目标，是否使股东的所有权增值，是否能使企业成为行业领先者。

一、沙盘仿真决策系统分类及特征

企业战略决策类沙盘仿真系统目前在我国已有多种，依据不同的分类标准可进行不同分类，现主要按沙盘仿真形态及沙盘仿真决策内容进行分类，按照沙盘仿真形态分为两类。

（一）手工沙盘仿真决策系统

20 世纪末以来，国内多家公司先后将沙盘实验引入高校实践教学，如用友、金蝶、中教畅享等公司。这些系统最初从仿欧洲的教学系统的基础上研究开发而成。他们共同特点是在桌面上摆放手工"沙盘"套具，同学们分组组成 6 到 8 个虚拟公司，制定公司的战略规划，通过在桌面的"沙盘"进行各项战略决策，并进行 6-8 年的公司运营活动，通过市场竞争的结果来确定或证明公司战略决策是否正确。

（二）电子沙盘仿真决策系统

一般是从手工沙盘的基础上发展而来，也有直接从电子软件开始的。这类软件供应商主要有如用友、金蝶、中教畅享、上海派金等公司，他们的特点是在制定公司战略规划后，在计算机网络中进行数据交换，数据集中存贮，在电脑前仿真公司决策，进行 6-8 年的公司运营活动，通过市场竞争的结果来确定或证明公司战略决策是否正确。按沙盘仿真决策内容来分，也可分为两类。

1.基于过程仿真决策的沙盘仿真系统

这类沙盘以用友、金蝶、中教畅享的沙盘为代表，注重决策过程，仿真情景，核心是仿真出企业经营场景并对过程进行合理的控制，总体上类似于公开透明的白箱博弈，较适合于公司运营的过程决策学习。

2.基于综合仿真决策的沙盘仿真系统

以 GMC 和上海派金的"商道"沙盘为代表，当然国外商业战略游戏以及香港的金融商国游戏也是类似的企业战略决策沙盘。本类沙盘主要侧重于对诸多决策变量进行分析，核心是对经营变量的数学综合建模，总体是一个不公开的黑箱博弈，决策相对抽象些，较适合于公司高层的战略决策训练。不管如何分类，综合目前市场上的沙盘仿真系统，它们都有一些共同的特征，它们主要通过直观的沙盘仿真企业 6-8 年或更长时间的运行状况，要求学员从资源的有限性出发，紧密关注市场变化及竞争对手的状态，通过对企业内外部环境的分析，制定战略、策划方案、组织运作。一般涉及战略、营销、采购、运营、财务、科技等诸多环节，这有助于学生直观深刻地了解企业实际运行状况，有助于学生对相关知识的融会与贯通，有助于培养更贴近企业实际运营的实用型复合人才的需求。

二、沙盘仿真决策的教学实践

沙盘仿真实践教学的过程中，一般先将学生分成 6-12 组不等，每组 3-6 人，仿真企业经营 6-8 年或更长时间。每个小组的每位成员分别担任 CEO、财务总监、营销总监、运营总监、物流总监、人力及信息总监等职务。各组分别代表一个企业，作为同一行业中的竞争对手，各组必须在预测市场需求变化的前提下，预估及分析竞争对手的战略与行动，决定本企业的产品、市场、销售、融资、生产等方面的长、中、短期策略，策略与经营的好坏，决定公司的生存与业绩，对抗性强，因对抗之中，各组之间会发挥每个成员的优势能力，使出全部招数包括找出竞争对手的弱点与市场的机会，挖掘自身内在的潜力等，没有老师主动的要求，完全是学生主动地发挥自己的能动性，学生兴趣浓厚。每一年年末用会计报表结算经营结果，分析经营结果，制定改进决策方案，然后，继续经营下一年。在仿真经营过程中，学生要对市场的投入（主要包括广告费用投入）、产品研发、市场开拓、原材料采购、生产能力调整、融资等一系列企业运营活动做出决策，并进行相应企业运营，在体验性教学中完成了综合的管理能力训练。由于沙盘教学的对抗性高，趣味性浓，体验性深，综合性强特征，要求指导老师具有综合的管理知识与技能，要熟悉计算机基础知识，同时还需有相应的企业运营及管理工作经验，对指导老师也是一项挑战。

通过近几年来对沙盘仿真教学法的实践，高校在沙盘仿真实践教学方面积累了较丰富的教学经验，就企业战略管理的沙盘仿真教学方法与组织等的实践研究工作进行初步探索。

（一）沙盘仿真决策的教学方法

企业战略管理沙盘教学法要求先构建一个基于现实仿真的相对客观的富有创造性与能动性的教学情境或平台，此情境是动态的，因为企业战略决策的环境是变化的，每次学生操作时结果与条件是不确定的，在教学情境中可先让学生进行操作实践，或叫学生体验，由于竞争关系的原因，学生将会主动地考虑外部环境因素，企业的优势，竞争对手及机会所在，并以此开展公司发展的定位，并因此形成企业的战略计划，运作模式，竞争策略，在实践体验的基础上，由学生进行自我经验总结与学习过程分析，提出问题及需求，然后老师再引导学生在分析具体情况后，再提供相关的专业知识、技能点或者说是理论上的指导，从而完成战略管理一个相对完整的实践领域的知识与技能的教学。在这种教学方法中，学生有少量的理论基础，在教学过程中学生接受程度很高，经近几年的实践，初步可以认为这是一种可行的战略管理教学方法。

战略管理沙盘教学方法可采用的教学法就是，学生就是一棵棵不断成长的小树，指导老师只用培育，包括设计一个良好的生态环境，在适当的时候给予肥料，并进行细心看护，不让幼小的树苗被外界环境所破坏，这种环境也包括后面所提的几个条件，让学生在自己的体验中不断成长，有趣味性地快乐成长，从体验学习中学到所需的必要的知识与技能，不一定要让学生花费大量的时间与精力，打下坚实的基础，以"多深的地基多高的墙"为出发点来进行不生硬的学习，这也就是沙盘教学所采用的"基于生命发展的基础观"的教学方法。

（二）沙盘仿真决策的教学组织

关于沙盘仿真教学的教学组织，下面从教学组织的方式及过程来探讨，沙盘教学的教学组织方式可分为以下三种。

1. 集中式教学组织

集中几周，让学生全天进行集中密集的训练，强化教学效果，给学生深刻的教学体验，这种组织方式可方便学生快速进入主题，专心体验与思考所学专业课程，但相关基础或专业知识的展开训练学习相对较弱些，是一种完全以实践体验为主的教学组织。

2. 课堂上课式教学组织

将沙盘教学有序地安排到正常的教学学期，按普通教学管理进行组织，组织与管理相对简单些，这种组织方式在强化学生体验的同时，可逐级将相关基础或专业知识展开训练与学习，其知识与技能点学习效果相对好些，但体验的强度会比集中式要弱些，是一种渐进式的教学组织形式。

3. 分散型教学组织

将沙盘教学以不同的顺序、不同的时间点进行安排，可能指导老师会进行密集的半天或一天的指导，然后大部分时间是按照学生的不同时间段，或不同的地点进行分散的教学组织，这种教学组织与管理相对复杂些，基础或专业知识展开训练与学习的效果一般，学生体验的强度会因人因时而异，这种方式往往用在比赛之前的分散训练，特别适合于 B/S 架构的或学生自发式组织的系统训练。

沙盘仿真教学的过程可分为理论先导型及实践先导型。

（1）理论先导型

主要是指老师先讲解沙盘仿真相关的企业战略相关的理论知识，如企业战略的规划、品牌战略、科技战略、运营战略、营销战略等，在具有一定基础知识的基础上，然后引导学生进入沙盘仿真的实战模拟中。这种教学组织方式对理论接受程度较高的学生效果较好，对西方文化接受程度较高的学生较为有利。

（2）实践先导型

是指先从操作层面直接引导学生进行沙盘仿真实践模拟，让学生在反复的操作中进行锻炼，在对抗的实践基础上进行反思，产生问题，有了问题，老师不要急于进行理论解答，让学生自己寻找答案，搜寻资料，然后让学生进行交流，最后老师进行点评与理论指导，这种教学组织方式对职业教育的学生效果较好，对习惯于东方文件思维的学生较为有利。

（三）沙盘仿真决策教学的前提条件

沙盘仿真这种教学方法在我国还处于初始阶段，许多学校并未对此进行分析与总结，要能达到较理想的效果，必须具备或创造以下几个条件：第一，有一项有效的动态的教学载体或工具，如沙盘，软件等；第二，有一个真实仿真的项目情境，如各零售、制造业、农业等行业项目等；第三，沙盘或项目的行动与体会可进行多次反复操作，如沙盘6-7年的操作；第四，最好有一定的对抗性或竞争性，成绩能客观地体现，如电脑自动计分或客观地按一固定的算法确定；第五，能调动学生主动思考与总结。

企业战略管理决策经过沙盘仿真教学实践，我们认为即使学习人员不具备完全扎实的理论基础，仍可经过多次决策实践，做出一个有效的决策。这也可解释为什么我国不少文化程度较低的创业者能成功创业并将企业发展壮大的现象。企业战略管理沙盘仿真教学法重点在将沙盘教学的载体、项目情境、公平客观的竞争性与职业知识等综合方面进行系统化设计，这也是企业战略管理教学改革的关键所在，如能有效地开展并进行大力推广沙盘教学，这种模式可大大激发学生学习的主动性与积极性，极大地提升了学生的专业技能，同时也为学生强化自我发展，强化生命发展等职业能力奠定了坚实的基础。

三、初创企业经营仿真实训案例

初创企业经营仿真实训主要包括创业认知引导、创业管理实践、初创企业运营仿真实践等内容，具有较强的理论归纳性、综合设计性和实践性特点。传统的教师讲授、学生听课记录的教学方法已经不能适应目前学生的学习特点。在创业类课程的教学中，很多教师采用了情境教学法、案例分析法等教学方法，但因缺乏实践，学生对知识的理解、掌握、应用等依然存在不足。虚拟仿真实验教学对传统的实验教学进行了深度和广度上的拓展，通过虚拟仿真实验教学项目的引入，对基本练习型的实验进行了改良，优化了综合设计型实验，达到在虚拟环境中做真做实的实验效果。虚拟仿真实验教学有利于提升教师教学效果，也会让学生更有参与感，而且更具有高阶性、创新性和挑战度。

OBE（Outcomes-based Education）是由美国教育学家 Spady 提出的，在部分高等学校的教学改革中有广泛的运用。OBE 强调以学生为本，注重课程学习与教学效果的契合度，强调学生的需求，其改革重点体现为由学科导向向产出导向转变，由教师中心向学生中心转变。OBE 在高校教学改革中给了教师一个新的思考方向，既要为学生的课程学习制定预期成果，根据成果明确培养目标，然后从预期成果出发，研究如何设计课程以实现学生培养目标。

基于 OBE，以供应链上下游企业业务流程为主线，以现代制造企业为核心，以行政单位和金融单位等服务性机构为依托，借助于企业运营虚拟仿真平台完成虚拟公司的运营与管理工作，学生扮演虚拟公司的总经理、市场经理、生产研发经理、采购经理、财务经理等角色，运用所学的现代企业管理知识，制定经营策略，使学生以虚拟企业对抗博弈的方式来系统学习企业运营管理的相关知识，掌握如何分析市场环境、如何创造商机、如何为企业盈利等企业经营管理方法，使学生具备解决企业实际运营问题的基本能力，并了解实际商战中优胜劣汰、适者生存的现实情况。

（一）初创企业经营仿真实训课程现状

初创企业经营仿真实训课程的前身为创业决策模拟课程，该课程是一门理论与实践结合要求较高的课程。在实践的过程中，应根据教学进度提前进行充分的战略思考，将日常接触到的与初创企业相关的知识与课程理论知识融合在一起进行思考和领会。武汉工商学院管理学院对该课程现有的教学计划为 16 学时，且以创业计划书的撰写为主要教学内容。现有的教学计划虽然能够帮助学生了解创业企业的相关知识，并在一定程度上锻炼学生的实际运用能力，但是难以实现"学生中心、产出导向、持续改进"目标。目前，该课程实施过程中存在的主要问题有三方面。

1. 教学过程偏向理论化

初创企业经营仿真实训课程的特点是授课涵盖的内容较多，知识相对较全，同时还有高强度的实践锻炼。如何使学生在有限的课程学习时间内切实掌握并灵活应用相关知识是课程教学需要重视的一个问题。现有的教学过程更为侧重对理论知识的传授，主要是对创业知识进行讲授，着重通过讲授法向学生传授知识，对学生学习效果的检验仅仅是让学生撰写创业策划书。根据学生的作业完成情况可以发现，相当一部分学生对于创业策划书的撰写态度较为敷衍，甚至有直接从网上抄袭的情况，所以仅仅依靠理论知识的讲解和创业策划书的撰写远远不能实现教学目标，学生更加不能把理论知识与实际应用结合起来，这与产出导向理论相脱节。

2. 实训课时较少

目前课程教学中实训课时较少，仅有 8 学时，学生解决问题的能力没有得到充分锻炼，没考虑到学生熟悉实验要求需要相当长一段时间。实验环节的安排也主要针对的是授课过程中部分知识点的验证，不利于提高学生解决实际问题的能力。教学设计中，实验类型多为验证性实验，缺乏互动且相对简单，学生分析问题、解决问题、实际应用能力得不到锻炼，不利于学生基础创业能力的获得与创造性思维的培养。除此之外，实验教学方案没有进行及时更新，部分教师使用的是几年前的教案，没有根据实际企业注册、运营要求进行教案的更新，与现阶段企业注册、部门决策严重脱节。教学仪器也相对陈旧，不能满足教师授课的需求，经常出现设备不能正常使用等情况。

3. 考核评价方法

机械考核评价方法较机械，不利于引导学生重视学习过程，对学生学习效果的评价也并不全面。目前对学生学习成绩的评定主要分为两部分：一部分是平时成绩，一部分是期末成绩。平时成绩主要由考勤得分、作业得分、课堂表现等部分构成，但在实际教学过程中，教师只对考勤有相对准确的判断。学生人数较多时，教师对学生的课堂表现不能准确掌握，除了个别表现突出的学生，基本所有学生课堂表现部分得分相同，没有差异。由于学生是分组完成作业，在完成作业的过程中难免出现"搭便车"现象，不能真正体现每个学生在作业中的贡献，使付出较多的学生也颇有意见。学生对于期末成绩更为重视，认为只要期末作业完成得好，平时即使缺勤也没有关系，这对学生学习过程的引导和学生学习知识的掌握都是非常不利的。

（二）初创企业经营仿真实训课程设计思路

1. 教学目标

引导学生正确理解企业内部各部门基本职能、特性及其相互关联，了解管理与科学决策对于各功能的重要影响。懂得战略计划的重要性，了解企业经营战略是企业经营目标实现、执行能力提高和避免犯错误的基础条件。要求学生了解企业财务管理的目标和内容，能正确解释并分析三个财务报表（资产负债表、利润表和现金流量表），获得支持企业决策的财务信息。在此基础上，懂得产、供、销平衡以及产、供、销、财等企业各部门相互沟通与协调的重要性，将学过的企业管理、市场营销、战略管理、生产运作、财务管理等各管理学专业课程的知识点串联起来，应用于实践。还要使学生懂得企业团队分工协作的重要性，了解如何合理分工，以及在企业经营过程中如何有效协作。

2. 教学要求

学生在教师的指导下，分组完成创业管理实践模块、初创企业运营仿真实践模块操作。经过学习，学生可以运用创业机会识别工具找到团队的创业机会，学会用一定的方法对识别的机会进行评价。学生通过既有资源盘点，对所需资源的获取和整合进行探讨，了解创业资源获取和整合的方法，从而掌握创业资源管理的技巧和策略。在掌握理论知识的基础上，利用虚拟仿真实训平台，团队经营一家完整的模拟创业公司，通过内部的部门协作与管理决策，完成公司的多个连续周期的完整经营管理。可利用虚拟仿真实训平台进行企业运营实战，完成8个季度的实战模拟，通过仿真的市场环境，进行对抗赛，优胜劣汰。

3. 实验项目与学时分配

本实验分为3个实验项目，分别是创业认知引导（8学时）、创业管理实践（12学时）与初创企业运营仿真实践（12学时）。

（三）初创企业经营仿真实训课程教学设计

1. 课前准备

对学生进行分组，每组4-6个学生。教师对课程特点、课程学习的目的与意义、学习要求及考核方式等进行介绍，引导学生积极参与课程学习。

2. 创业认知引导

对所在团队的项目的既有资源进行盘点，对所需资源的获取和整合进行探讨，使学生了解创业项目的发展规律、竞争特点，深化对创业资源的认识，了解创业资源获取和整合的方法，从而掌握创业资源管理的技巧和策略。

3. 创业管理实践

对参与学生进行分组，以小组为创业团队进行角色扮演，模拟经营一家完整的创业公司，通过内部的部门协作与管理决策，完成公司的多个连续周期的完整经营管理，包括公司筹建、创业基础知识讲解、分季度经营模拟等。

4. 初创企业运营仿真实践

企业运营实战模拟，学生登录企业运营仿真平台，完成 8 个季度的实战模拟，通过仿真的市场环境，进行对抗赛，优胜劣汰。学生按部门进行分工协作，制定相关决策，进入仿真市场，进行运营对抗赛，在仿真平台上感知激烈的市场竞争。

5. 考核方式

成绩考核分为过程考核和结果考核两个环节，过程考核占比 50%，结果考核占比 50%。其中，过程考核包括平时出勤、课堂表现、小组发言与团队合作，结果考核包括企业经营排名和试验报告，如表 7-1 所示。

表 7-1　成绩考核（百分制）

考核环节	过程考核			结果考核	
考核环节	50%			50%	
具体指标	平时考勤	课堂表现	小组发言与团队合作	企业经营排名	试验报告
指标权重	20%	15%	15%	40%	10%

（四）初创企业经营仿真实训课程改革评价

1. 学生层面

首先，与之前的验证性实验相比，虚拟仿真实验教学在时间和空间上更自由，学生可以在虚拟的环境中完成设计性实验。虚拟仿真的实验环境让学生身临其境，进而激发学生学习兴趣，提高学生学习的主观能动性，尤其是动画场景更是在实际授课过程中得到学生的好评。

其次，本实验项目以实验目标为导向，使学生在自主决策、阶段递进中完成实验目标，促进学生对相关知识点的深入学习，增强学生对初创企业的经营管理能力，提高学生主动思考、分析及解决问题的能力。

最后，本实验项目的完成是以竞技游戏的方式进行的，实验结束后，对学生在企业模拟经营中的表现进行评价并进行综合排名，通过引入奖惩等激励机制，引导学生在实验过程中精耕细作，使学生思维呈现出多样性、创造性特点，让学生注重实验过程中的决策。

2. 教师层面

教师教学模式有了更新，对于初创企业经营模拟的教学设计更为全面，在虚拟仿真教学的过程中对各教学环节教学效果的验证也更加多元化，实践教学效果良好。虚拟仿真实验教学很好地解决了传统线下实验对于教学仪器的依赖，可以在虚拟仿真环境中完成企业资源的投入与产出效果呈现。教学过程中，教师的教学压力得到明显减轻，授课效率得到提高。基于 OBE 导向的虚拟仿真教学模式受到教师的广泛好评。

初创企业经营仿真实训课程，突破了传统单纯软件训练下理论与训练脱节的困境，理论联系实际，引入真实企业业务模式、管理模式、实际操作模式、协作与对抗模式，嵌入还原现实企业的动态经营业务数据与业务运作内容，引入训评一体的成绩考核方式。利用虚拟仿真教学的先进技术和方法，教学团队将创新创业教育的理念和方法充分融入实验教学之中，专业教师和合作企业联手指导学科大赛及创业训练，开辟创新创业教育新格局，实现了创新创业教育的可持续发展与学生成果的持续输出。

第三节　经营决策

管理团队每年都要制定决策。首先要认真分析行业报告、行业基准报告、竞争者战略比较报告，预测竞争者的行动；其次要分析公司去年的排名结果，财务报告和运营报告等，了解自己公司的优势和劣势，预测竞争和需求状况；最后要通过价格、质量、广告投入、销售渠道等竞争手段的决策，对生产运营、存货及运输、销售及市场、财务进行管理。

一、企业经营决策仿真平台的构建

（一）平台的设计原则与目标

1. 平台的设计原则

企业经营决策模拟平台是根据教学比赛的目的和要求，依据竞争性、实用性和趣味性等多种原则来设计的。平台应具有一定的人机交互性、友好的操作界面，并从理论上和方法上将现代企业经营决策所需的全部基础知识和理论有机地结合在一起，从而使参与者能在最短的时间内充分运用自身所学的理论知识和方法在虚拟的市场经济条件下进行实践性尝试。进而锻炼参与者的计划、组织、用人、领导、控制和团队协作等多方面的技能，达到加速培养现代经营决策人才的目的。

2. 平台的设计目标

企业经营决策模拟平台的最终设计目标，是在互联网上实现一个有效、实用的制造业企业的经营决策模拟环境，使模拟参赛者有置身于竞争市场之中的感觉。整套系统可用于通常的管理类课程的教学，也可用于有大量参赛队进行的模拟比赛。本系统允许 1-5

名用户组成一个队，若干个队组成一个组。每个队代表一个虚拟公司，同一个组中的所有虚拟公司处于同一个宏观经济条件之中，虚拟公司的初始规模相同。每个队的一般成员分别负责生产、营销、财务、人力资源、产品研发等方面的决策，各企业的总经理负责组织、协调、总体规划和战略决策。系统可以提供1-4种产品、1-4个市场等多种难易程度的竞争场景供用户进行模拟。后台可提供多种经济评价、分析模型来评价用户的决策数据，分析产生模拟企业最终的运行结果。整个平台可以在计算机网络上运行，充分利用网络传输信息快的特点，用户可以及时地从网站上得到所需信息。

在使用时，参与者报名后经过系统自动分组获得模拟权限，管理一个虚拟的公司，在规定的时间内，用户可以不限次数地提交本企业的决策单，用以管理自己的虚拟公司。系统根据各公司提交的决策单，实时地进行模拟运算，得出最终的评价结果。

目前，平台处于开发的初级阶段，现阶段以构建整个平台框架，实现基本功能为主要目标。因此，主要任务是建立后台数据库、开发基本功能模块和创建基本的评价模型，以保证整套系统的平稳运行。系统采取多难度的情景，最多可达到4个产品4个市场的竞争规模，结合基本的市场反应模型供用户进行模拟。模拟按期数进行，每一期代表真实世界的一个季度，除了最初生成的五期公司历史外，最多可进行十五期的模拟，虚拟的实际时间将达到三年零三个季度。管理人员可根据需要将模拟期数退回至某一期，使用户重新进行决策，便于检验不同的决策对公司的影响状况，从而获得最佳的决策方案。系统采用较为公平的动态随机分组方式对用户进行分组，这可使比赛时同一个单位的用户分别处于不同组之中，以确保比赛的公平性。

3. 平台的优点

通过研究现有同类软件的优缺点，平台在开发时注重了对以下方面进行了改进和完善。

（1）系统的可重复性和逆转性

可重复性和逆转性是本系统最大的特点，是指管理员可根据需要随时将系统返回至某一期，但是以前随机产生的各种变量仍然保存在数据库中，这样就可直观地比较在完全相同的宏观经济条件下不同企业决策的优劣，这在实际使用中具有十分重大的意义。

在教学研究中，最重要的目的是培养学生运用各种管理知识、理论的能力，对同一个问题每个人都有自己的解决方案，如何比较这些方案就成为模拟教学的一大难题。系统具有可重复性和逆转性，就可反复地比较、验证各个解决方案的结果，从而更好地理解老师讲授的内容。

在模拟比赛时，不可避免地有系统出错的可能，一旦出现问题，模拟就无法继续进行。如果计算机自动产生的各种随机变量得到保存，那样就可保证重启系统后整个模拟环境是相同的，要做的只不过是让计算机再运行一次而已，这样就保证比赛的顺利进行。

当整套系统用于真实企业决策时则意义更是十分重大。企业的发展受多种战略和经营层面决策的影响，一个错误的决策，可能将一个企业带往破产。因此企业决策也是十分慎重的，往往在几个方案中犹豫不决，因为决策带来的结果是不可预知的。如果将企业面临的整个宏观、微观环境转化为系统变量，那样就可以多次运行整套系统，产生若干个不同决策的结果，通过直观地比较这些结果，选择出一个最佳或满意的决策方案，这样就可将决策风险降到最低。

（2）延长模拟期数

该模拟平台可进行最多十五期的模拟，每一期代表现实的一个季度，模拟的实际时间超过三年，有利于培养管理者制定中长期企业战略的能力。

（3）增加不确定因素对市场动态的影响

真实的企业经营环境是无法捉摸的，企业总是处于一个不断变化的宏观环境中，同时还受到各种微观因素的影响。用计算机来模拟这些不定因素，最好的也是最实用的方法就是加入大量随机参数。本系统中设置了大量模型参数和随机变量，在使用前期由管理员设定完一些系统参数后，剩余的参数变量的生成完全交给由计算机自动实现，这样可以更真实地反映市场的随机扰动性，并且极大地降低了人为主观因素对系统的影响。

（4）将市场模拟的结果与标准会计报表相结合

企业经营决策模拟在国外已经有很长时间的发展，各种应用已经比较完善，但在国内有些方面还有待提高。比如，标准会计报表与系统的结合方面，即使是使用比较广泛的北大光华管理学院的模拟软件也没有涉及，因此这一方面的应用已经很好地填补了国内空白。在对企业决策进行评价之后，所有的数据最终将写入会计报表，用户将直接从会计报表了解、分析自己经营的虚拟公司的发展状况。从会计报表中分析得到信息是一个企业高级管理人员所必需的素质，因此使用本系统将获得这方面的培训，利于使用者个人素质的提升。

（5）动态随机分组

当模拟平台用于比赛时，考虑到同一单位的多支参赛队伍被分在同一小组里进行企业模拟比赛会有作弊嫌疑，或各参赛小组中被分到的参赛队伍数目过于不均，该系统制定一个动态的随机分组方式，尽最大努力保证来自同一参赛单位的报名队伍分散到不同的组中并且保证各小组参赛队伍数量的均匀性。

（6）良好的系统扩展性

本平台的开发处于初级阶段，就必须为系统二期开发工作做扩展的准备。特别在模型库的增加上，要使新的模型可以便捷地加入系统中。系统将经济评价模型变为数据形式进行存储，进行模拟评价时，先采用数据驱动技术调用数据形式的评价模型，再根据形成的评价算法来处理用户提交的决策单。数据驱动技术的使用使得添加模型的工作非常容易。

（二）模拟平台的逻辑结构

依据以上的设计原则和目标，平台按照模拟的进程分为三个大的阶段：后台数据库建立阶段、初始化阶段和模拟阶段。

1. 数据库建立阶段

在系统运行前，系统管理员首先根据模拟需要建立后台数据库，后台数据库中每一组参量都将控制虚拟环境中的一种状况。数据库的建立为创建新的、较为真实的、动态的市场模拟环境提供良好的数据支持。后台数据库使用 Microsoft SQL Server 关系数据库，负责记录及维护系统的信息。数据库按照记录信息内容的不同可以分为三类：参量模型库、决策数据库和信息库。

（1）参量模型库

参量模型库记录了系统设置的各种参量值以及数据驱动模型所需的模型数据。系统将根据参量模型库记录的各种参量的不同值，向用户展现不同的经济发展状况和不同的经济评价模型。

（2）决策数据库

决策数据库记录了用户的注册、分组、所有决策单和运行结果等信息。用户登录时输入的信息将与决策数据库中记录的信息进行校验。系统每次执行模拟运算都需要先从决策数据库中按小组提取各公司的决策信息以及前几期模拟运行结果中的部分数据，再根据这些数据进行模拟运算。

（3）信息库

信息库记录系统向内部各参赛用户发布信息的内容。用户根据信息库记录的信息了解本次模拟比赛的各项情况。

2. 比赛初始化阶段

比赛初始化的主要工作是设置新情景所使用的具体参量，并根据一些参量的值生成随机变量。由于在参量库中每类参量多样性的存在，初始化时系统在同类参量中选用不同的值，针对每一期模拟系统又随机生成数十个随机变量，这种生成市场模拟环境的方式将极大地降低了新的模拟环境与以往使用过的模拟环境的雷同性。用户必须选择新初始化的比赛进行注册报名才可以使用该系统平台。系统将根据用户的报名情况进行动态分组，并授予用户相应的使用权限。至此，新的模拟环境初始化完毕，用户可以使用该系统进行企业决策模拟。平台的所有浏览者可以查阅文献资料，了解该平台的使用方法，获取培训手册。系统还针对一些共性问题进行解答，供用户进行查阅。

3. 模拟阶段

模拟阶段是管理员和用户共同使用阶段，在这一阶段系统的主要工作是对用户提交的决策信息进行模拟运算，并向用户提供模拟结果，即管理报告。用户输入登录的用户名和密码，数据信息经过验证通过，用户方可获得使用该模拟平台的权限。登录后的用户可以按期制定企业竞争决策查看前几期的比赛结果和查看系统发布的消息。系统管理人员可以随时向本次模拟的用户发布通知，并定期执行决策模拟。

（三）基本功能模块设计

企业经营决策模拟系统采用 B/S 结构的开发方式，用户可以通过网络，使用浏览器访问本系统。浏览者可以通过该系统了解企业经营决策的相关知识，参加模拟的用户可以通过浏览器方便、快捷地加入决策模拟环节当中，系统管理人员同样可以通过网络，使用浏览器管理系统的初始化及运行。因系统处于开发的初级阶段，所有功能模块的设计是为了保证系统的正常运行，因此现阶段只设置了如下三个基本功能模块：浏览者模块、用户模块和管理员模块。系统功能模块如图 7-1 所示。

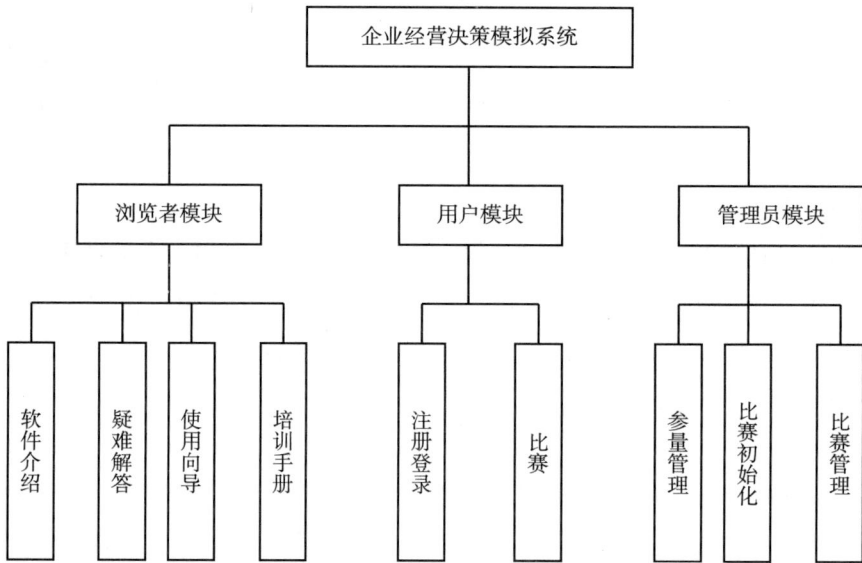

图 7-1　模拟平台功能模块

1. 浏览者模块的设计

浏览者模块是面向网络中所有使用浏览器访问本平台的用户。该模块设计的主要目的是向浏览者做系统的引导性说明，包括企业决策模拟的介绍、使用系统的方法以及如何利用经济管理类知识参与企业经营决策模拟，并针对常见问题提供解答。这一模块的功能主要包括以下几个方面。

（1）软件介绍

软件介绍包括企业经营决策模拟平台的基本功能的介绍以及该软件的特点。

（2）疑难解答

系统参考国内外软件的使用情况，针对大多数用户在使用该类软件中会遇到的普遍性问题给予较为详尽的解答。

（3）使用向导介绍

整套系统的操作流程和使用方法。

（4）培训手册

提供软件部分技术文档，供用户进行学习，使用户尽快熟悉该模拟系统的模拟方式和基本模拟运算规则。

2. 用户模块的设计

用户模块面向参加模拟的用户，向模拟用户提供如下功能：新用户注册，修改注册信息，按期制定企业竞争的决策量，查看每期的决策单，获取管理报告，查看公司排名，查看系统发布的内部消息。具体功能模块如图 7-2 所示。

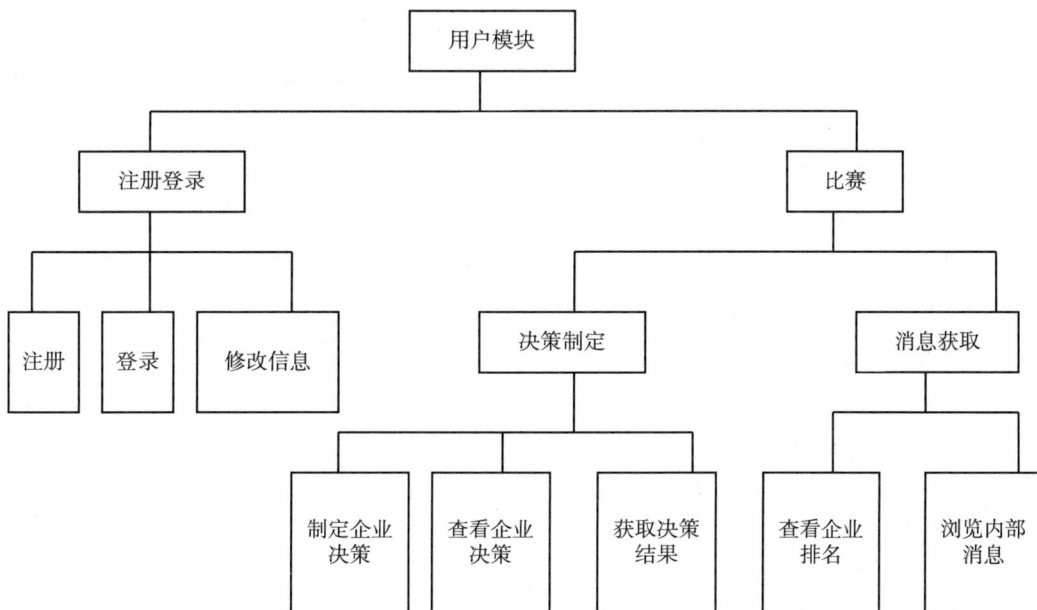

图 7-2　用户模块结构

（1）注册登录

用户注册时，将查看系统中是否有刚刚初始化、正在报名的比赛，用户只能在此类比赛中注册报名。新用户在注册时，将填写用户名、密码、联系方式等信息，并选择报名单位。新用户注册成功后，系统自动授予该用户一个报名序号，该序号作为用户在系统内部的唯一标识。每一个序号仅可代表一个比赛的参赛权限。注册用户向系统输入自己的用户名和密码，系统将用户提交的数据与后台数据库中的数据进行核实，信息准确无误则授予用户进入该用户所报名的比赛系统进行决策模拟。登录后用户可以查看自己报名时所填写的信息，并可以对报名单位以外的信息进行修改。

（2）比赛

通过比赛模块提供的功能，用户可以参与企业经营决策模拟，以达到理论联系实际和提高自身素质的目的。

系统提供多种难度的市场模拟环境，比如，该模拟环境可拥有三个不同种类的市场以及同种类低、中、高三种档次产品，针对这类模拟环境制定的企业经营决策单分别控制企业的生产、营销、财务、人力资源等各个方面。为了防止恶意用户填写完全不符合实际的数据，扰乱市场环境，系统要严格控制决策单中每一项数据。在每期模拟执行时，如果用户不提交决策单，则默认当期决策单与上一期的决策单相同。

用户可以查看前几期公司历史，根据公司历史可以分析出宏观市场的走势以及微观企业的经营状况。根据分析结果，用户可制定决策信息，同时可将决策信息提交给系统。在一定时限内系统根据所有用户的提交结果进行模拟，模拟的结果以 Excel 文件的形式供用户下载，该 Excel 文件被称为管理报告。管理报告采用标准的会计报表的记录形式，记录包括当期企业决策单和市场模拟结果等数百个数据信息。用户可以通过分析各期的管理报告，判断市场的发展动向和与自己同组的其他企业的经营策略，为下一期模拟制定相应的策略。

模拟的最终结果将以股票价格的高低作为评价标准。用户可以通过查看排名获取当前企业的股票排名情况，从股票排名状况也可了解市场动态，拟定企业的发展战略，制定企业的决策信息。用户还可浏览内部消息，以便在决策模拟期间及时了解系统向参加本次模拟的所有用户发布的重要通知。

3. 管理员模块的设计

管理员模块的基本功能是维护整个系统的正常运行和组织相应的决策模拟，企业经营决策模拟平台的使用者中只有系统管理人员可以访问此模块。管理员模块分为参量管理、比赛初始化和比赛管理三个部分。

（1）参量管理

参量管理负责八种参量的添加、修改和删除。为了更接近现实，企业经营决策模拟环境需要设置多种参数，由这些参数控制虚拟市场环境的宏观走势、评价模型的参数以及模拟环境的运行。在系统创建新的虚拟市场环境时，许多参数可以重复利用以往模拟设置好的参数或对参数稍加变动即可。为了更方便、快捷、高效地完成比赛的初始化，系统为这些参数分门别类，制定了以下八种参数，建立参量库：消息，情景参数，管理参数，上下限，市场评价，股票评价，增长率和报名单位。

消息。消息是指一些新闻类的信息，这些信息包括财经报道、自然现象、社会新闻等多方面的内容。消息对个别或者全部市场状况和企业经营环境都有正面或负面的影响，同时类似于现实中的新闻，消息也可能是虚假的，这就要求参与者正确地判断这些消息中包含的信息，从而制定相应决策。消息的制定与发布给虚拟市场增加了动态性，也给决策者带来了更多的风险。

情景参数。情景参数代表虚拟市场竞争的难度。难度主要体现在目标市场数量和产品的数量上。最低难度可以设置一个产品一个市场，最高可以设置四个产品四个市场。

管理参数。管理参数主要是设置产品自身特点的信息，为了增加系统的多样性，每次比赛都需要对产品自身的特点，比如，产品标准组装时间、原材料的需求状况、工人的需求状况、代理商的固定费用、产品运输、管理成本、研发等方面进行设置，这样就可以模拟一些真实市场中的商品。每次比赛前，参赛用户可以了解到自己公司生产的是何种商品，根据这些不同的商品，就可制定合适的决策。

上下限。真实的市场中有许多影响市场的不确定因素的存在，如市场的增长率，工人的缺勤率，产品被投诉的比率等，这些因素并不是无限制的，它们始终都在一定的范围内变化，它们的不断变化会直接影响到市场走势和企业今后的发展状况。在虚拟的市场环境中，为了表现市场的不确定性，往往通过设置随机变量的方式来解决这个问题，但是随机变量的取值也要有其经济意义。通过上下限的设置将这些不确定因素限制在一个范围之内，这样既可保证模拟市场有大量不确定因素的存在，又可使这些不确定因素对整个系统的影响在合理范围之内。

市场评价。市场评价用来评定各期各公司的订货量。在市场经济环境下，产品的订货量会受到各种因素的影响，但各种因素对订货量的影响比率又各不相同。系统管理人员根据由实际情况统计得出的影响因素及权重的数据调整市场评价模型中各参量引用的数据，以求评价模型更符合真实的市场状况。

股票评价。系统通过计算公司的财务状况指标，并将其作横向比较，通过股票评价参量，对前一期的股票价格进行修正，从而得出的结果即为当期股票价格。每期模拟比赛完成后，都用股票价格作为评价每家企业运行状况的标准。

增长率体现了整个模拟环境的宏观和微观变化。系统每期都会根据设定的当期增长率调整模拟环境的状况。每一系列增长率系统默认设置十九个，可以控制包括历史模拟的五期和模拟比赛十五期，共二十期的模拟环境的变化。

报名单位。将报名单位提前设置在系统中，并且将每一个报名单位对应一个序号，供用户填写报名信息时进行选用。这样可以避免用户在填写报名单位时填入的信息有误或同一单位不同名称的情况。并且通过报名单位的序号，可以在初始化时进行动态随机分组。

各类参量的每组数据将在后台数据库中用一个序号值标识，在比赛初始化的时候，引用该类参量中的某一个序号，系统会将该序号所代表的参量数据和系统绑定一起。

（2）比赛初始化

比赛初始化将创建一个新的虚拟环境，供用户进行使用。每一个虚拟环境初始化时需要制定五类基本信息，包括比赛信息、消息、随机变量、商业信息、公司历史。另外，还需要对报名的用户进行分组。经过六步的初始化，虚拟环境方可创建完毕。

比赛信息初始化。这是对虚拟环境的基本信息进行的初始化过程。该过程需要管理员选择比赛名称、比赛时间、比赛期数，以及情景、行业类别、上下限、市场评价和股票评价等序号。

制定消息。从消息参量库中选择本次模拟中每期发生的消息序号以及各消息所影响的市场号。

产生随机变量。通过比赛信息初始化中填写的上下限序号，获取影响市场变化的各因素的上下限范围，并在这个范围内动态给出二十组随机变量以供模拟阶段时使用。

填写比赛商业信息。制定各市场各产品的市场总量、原材料价格以及各市场的生产总值、失业率、对外贸易余额、中央银行年利率、外汇汇率、上网人数百分比等基础商业信息。并根据所填写的内容，通过一定算法产生系统可以使用二十期的商业信息。

产生公司历史用户决策之前需要得到由系统提供的五期公司历史，这些公司历史可以帮助用户判断市场走向，公司的经营状况。处于同一个小组中的各公司历史完全相同，保证了用户在第一期用户投单前，各公司发展状况和水平完全相同，使模拟具有公平性。

分组。系统进行模拟比赛时，要最大可能地使各参赛单位的不同队伍被分在不同的小组里面，并且要防止某一小组被分到的参赛队过少，以致产生竞争模拟变成独自经营管理这种最不理想的模拟效果。系统采用动态随机分组方式进行分组。

（3）比赛管理

比赛管理负责整个系统的模拟运算，并提供发布信息功能，使系统管理人员可以及时向各用户发布重要通知。比赛管理提供的具体功能包括执行本期模拟、退回至某一期和发布通知。

执行本期模拟。模拟时，用户按期进行投单，管理人员通过此功能对当期用户决策单进行评价运算。执行运算前，必须要判断用户当期决策单是否提交，如果没有提交，则按用户前一期的决策单内容处理。采用数据驱动技术开发处理运算的评价模型，这种开发方式有利于修改和扩充评价模型。

退回至某一期。本企业经营决策模拟系统用于教学时，为了更好地演示针对相同公司在相同经济环境下不同决策对该公司的影响情况，系统制定了退回至某一期这个功能。执行这个功能，系统按照管理员的要求，在数据库中将当期至所要退回的期数间所有数据另行保存，开辟出保存空间，使整个系统退回至所需要的期数，重新进行模拟。

发布通知。系统管理人员在模拟期间，可以向用户发布通知，使用户及时获得关于本次模拟的最新动态。

二、企业决策模拟在实践教学的应用

（一）企业经济决策模拟教学影响因素

1. 对相关规章制度不熟悉

在企业经营时，很多学生由于基础知识不够扎实，不能在规定时间内完全掌握企业的经营规则和经营的经营流程，也无法全面系统地了解与熟悉企业的文化内涵。究其原因是很多大学生之前并没有真正体验过企业经营模拟沙盘，环境的不熟悉和知识掌握不全面，导致他们还需要一个过程完全熟悉和掌握企业经营规则和相关流程。但是现实市场环境与学校环境是有差别的，学校的竞争压力没有现实市场环境的竞争压力大，等到学生真正理解和掌握企业经营规划和经营流程时，实验所提供的模拟经营年份已经不多。且在企业经营态势固定前提下，企业经营决策已经不能更改，这样会给企业带来不同程度的经济损失。

2. 对实验机会把握不当

通过分析模拟企业 6-8 年的报表显示，大多数模拟企业无论是净利润还是所有者权益，与其他同类院校相比，相对较低，具有很大的差距。但是尽管如此，在模拟试验课程结束之后，很多学生觉得并没有真正学到有用知识，希望有机会再重新学习一次或者体验一次。这表明学生对企业经营决策模拟教学课程是感兴趣的，但是限于时间的限制，除了完成实验要求的经营年份之外，还需要与其他同类企业相竞争。这样就导致大多数学生的时间不够花，对该门课程掌握不全面，也没有足够的机会体会实验课对经营类知识的重要性，从而严重制约了学生综合能力的培养。

3. 专业基础知识不够扎实

虽然在企业经营决策模拟课程开课之前，学生已经熟悉和了解了相关专业基础知识，比如经营管理学、会计学和统计学等，并对专业课模块如战略管理、企业管理、财务管理等主干课程进行了系统化的学习与掌握，但是由于学生欠缺实践经验，在实验过程中还是可以看出学生基础理论知识掌握不扎实、专业能力不足等问题。具体来说，财务总监进行年终财务报表上报时不平账、企业融资工作不到位等，不仅容易导致企业经营利润低下，还会进一步降低企业的市场综合竞争力，经济损失较大时还会出现破产这一现象。原材料不足、生产总监核定出错、营销订单不准等一系列问题影响了教学实践目的的实现。

（二）企业经营决策模拟教学新法构建

1. 教师自己编写 ERP 优秀教材

学校开设 ERP 课程的目的是通过模拟企业实际运作，使学生了解 ERP 的内涵，掌握 ERP 的基本原理，要求学生深刻理解 ERP 的管理理念和核心管理思想，同时，使学生把以前所学的知识有机地联系起来，通过实践培养学生综合运用知识的能力。而 ERP 是一项复杂的系统工程，是对各方面知识的综合运用，企业管理涉及的范畴更广，管理学科的知识点繁多，这也导致了很多学生面对沙盘，面对实践经验中的诸多决策问题一筹莫展，无法找到有力的理论支撑。所以，我们有必要选择或编写一套更有针对性的 ERP 优秀教材。根据学校开设 ERP 课程的目的以及各高校学生的具体情况，ERP 教材除了应该有 ERP 沙盘模拟实训课的操作规则之外，还应该有四部分的专业理论教学内容：一是 ERP 管理理念与企业管理理论；二是市场营销理论；三是财务会计与财务管理理论与实务；四是管理信息系统安全与维护技术。

2. 增加"ERP 基础理论"教学环节

实践教学必须以理论教学为基础，最终达到学生在理论水平与实践能力两方面的共同提升。所以，我们有必要在 ERP 沙盘模拟实践教学中增加"ERP 理论基础"这一环节，形成"ERP 基础理论＋物理沙盘＋电子沙盘＋课后实验报告总结"的教学模式，这样的教学内容就更为完善，结构顺序更为科学合理，与 ERP 软件的设计思想和管理理念是比较一致的。在现有的教学内容中增加了一个新的环节，就需要对现有的课时进行重新安排。

3. 建立以赛代练的长效机制

针对学生课后实验总结报告不认真的问题，一方面，教师要在模拟经营结束之后的总结点评中给予适当的引导，让每个团队对总结报告有个初步的思路。在点评中引导每一个团队要对 6-8 年的企业模拟经营的整个过程进行系统的思考，企业管理和经营决策要涉及哪些知识点，哪些因素影响了企业的经营结果，团队决策的关键因素是什么，有哪些成与败，一个合格的 CEO 或管理者应该具备哪些知识和能力，用什么途径弥补不足。按照这样的思路撰写团队的经营分析报告，探讨各自的收获、体会存在的问题及其努力的方向等。同时，对于每个成员就其担任角色的履行、成功与失败、如何提高角色素质进行探讨，形成个人总结。

三、预测与决策课程虚拟仿真实验教学应用实例

（一）实验教学前

教师向学生介绍实验环境、实验内容及注意事项。学生阅读实验手册，并基于手册中的实验方法与步骤要求进行相关理论知识预习。预习内容包括移动平均法、指数平滑法、决策树决策法、风险决策法、成本效益法等。随后，学生登录实验平台注册，注册完成后选择"基于移动互联网用户管理的运营设计与决策虚拟仿真实验"，并根据实验提示进行操作。在此期间，学生可通过线上平台留言并提问，教师可通过线上平台进行答疑。

（二）实验教学中

在实验中，教师要结合虚拟仿真实验中的重难点知识与学生反馈的问题进行重点讲解，通过线上互动、线下讲解的方式，实现翻转课堂的教学效果。此外，教师要鼓励学生不断去试错，基于自己的预测分析结果，设计市场所需要的产品，并进行推广决策。

（三）实验教学后

学生完成实验报告，在线提交实验报告。教师可在线对学生提交的实验报告进行批改，并根据后台统计数据查看学生实验完成率、实验过程得分信息、实验操作信息。最后，教师要结合学生实验完成情况及反馈，对自身的教学进行反思和总结，不断调整实

验教学方式，丰富实验设计内容。

（四）实验考核

与评价实验考核与评价内容包括过程性评价（占比 40%）和形成性评价（占比 60%），如表 7-2 与表 7-3 所示。过程性评价侧重于学生在实验过程中操作规程、操作步骤的考查；形成性评价侧重于考查实验结果，包括实验报告写作的规范性、实验相关计算结果的正确率、实验结论分析的合理性等。这样的考核方式既注重了实验过程，又注重了实验结果。

表 7-2　过程性评价设计原理（部分实验操作环节）

实验环节	操作步骤	步骤完整	操作正确
资源配置	第一步：用户规模预测	40%	60%
	第二步：业务规模预测	40%	60%
	第三步：资源配置方式选择（定性分析）	40%	60%
	第四步：资源配置方式选择（定量分析）	40%	60%

表 7-3　形成性评价设计原理

实验环节	报告名称	分钟
资源配置	移动互联网信息服务企业基础设施资源配置报告	30
业务设计与优化	移动互联网信息服务企业产品业务设计与优化方案结果报告	30
市场推广	移动互联网信息服务企业产品业务市场推广方案结果报告	30
损益测算	移动互联网信息服务企业损益测算与运营效益分析报告	10
总分		100

第四节　提交决策数据

每年决策后，各公司需提交决策数据。企业经营仿真系统由销售收入的增长、每股收益率的增长、投资回报率、公司市值、债券等级、战略评分六个指标来考核公司的经营业绩。公司总体绩效考核评分、各项报告在下一年决策前公布，学生将根据考核结果进行下一年的经营决策。

一、企业经营分析的数据模型

企业经营分析是利用会计核算、统计核算、业务以及其他方面提供的数据信息，采用一定分析方法，依靠计算机技术，分析企业经营活动的过程及其结果，从而加强对企业运行情况的把握，监控运行过程的问题，发现商业机会以及提炼经营管理知识，以便充分挖掘人力、物力、财力潜力，合理安排生产经营活动，提高经济效益的一门经营管理科学和活动。

（一）企业经营分析相关内容

1. 企业经营分析指标体系

企业经营分析指标体系是指由若干个反映企业经营发展总体数量特征相对独立又相互联系的统计指标所组成的有机整体。企业经营分析主要从业务域、财务域、管理域、研发领域及市场域五大领域构建企业经营分析指标体系。其中业务领域包含企业各个业务线条一系列反映业务发展的相关指标，比如，新增用户数、累计用户数、用户活跃率、用户留存率等。财务领域主要围绕财务三大报表（资产负债表、利润表和现金流量表）以及公司管理决策层的关注重点开展指标体系设计，主要包含收入类、成本费用类、绩效类、现金流量、资产负债、资本开支等方面的指标。管理领域主要从员工管理、项目管理、知识产权管理及服务管理等方面展开。研发领域主要从研发质量和系统能力两方面展开分析。市场领域主要从业务的市场规模、行业发展等方面开展分析。跨域的综合性分析指标也很重要，比如人均产值、人均人工成本、ARPU 等。

2. 互联网企业经营分析特点

互联网企业的经营分析有以下特点：企业经营分析指标易变性。在企业经营分析中，经营分析内容往往围绕企业年度战略开展，但随着业务的快速发展及市场的瞬息万变，企业战略往往会随之调整。因此，经营分析内容也将随着战略的变化而调整。企业经营分析指标多样性。企业经营分析涉及企业经营的方方面面，包括业务域、财务域、管理域、研发领域及市场区域等多个主题，每个主题下面还分 N 个子主题。企业经营分析指标数量多。因企业经营分析涉及的领域很多，每个领域都有自己的子分析指标体系，企业经营分析往往还会涉及跨主题综合性分析指标。企业经营分析指标其涉及的分析指标也非常多，从几十个到几百个不等。企业经营分析指标多维性。与业务系统记录数据和简单查询数据不同，企业经营分析需要将企业各类数据通过 OLAP 技术进行统一建模，通过复杂计算和逻辑处理，形成满足各类分析需求的多维指标体系。

（二）基于 OLAP 的关系数据模型

1. OLAP 技术

关系型数据库有两种数据处理模式，分别是联机事务处理 OLTP（On-Line Transaction Processing）和联机分析处理 OLAP（On-Line Analytica lProcessing）。OLTP 是传统的关系型数据库的主要应用，主要是基本的、日常的事务处理，用于业务，例如，银行交易。OLAP 是数据仓库的主要应用，支持复杂的分析操作，侧重决策支持，并且提供直观易懂的查询结果，主要用于分析。联机分析处理的概念最早由关系数据库之父 E.F.Codd 于 1993 年提出。Codd 认为，联机事务处理已不能满足终端用户对数据库查询分析的要求，SQL 对大容量数据库的简单查询也不能满足用户分析的需求。用户的决策分析需要对关系数据库进行大量的计算才能得到结果，而查询的结果并不能满足管理决策者提出的需求。因此，Codd 提出了多维数据库和多维分析的概念，即 OLAP。联机分析处理的主要特点是直接仿照用户的多角度思考模式，预先为用户组建多维的数据模型。例如，对销售数据的分析，时间周期是一个维度，产品类别、分销渠道、地理分布、客户群类也分别是一个维度。一旦多维数据模型建立完成，用户可以快速地从各个分析角度获取数据，也能动态地在各个角度之间切换或者进行多角度综合分析，具有极大的分析灵活性。

2. 数据建模方法

数据仓库建模方法主要有范式建模、多维建模。范式建模由 BillInom 提出的数仓理论，将事物抽象为"实体"（Entity）"属性""关系"（Relationship）来表示数据关联和事物描述，也叫 ER 实体关系模型。ER 实体关系模型是数据库设计的理论基础，当前几乎所有的 OLTP 系统设计都采用 ER 模型建模的方式，且该建模方法需要满足 3NF。多维建模法由数据仓库大师 RalphKimball 提出，它是数据仓库工程领域最流行的建模方法。多维建模从分析决策的需求出发构建模型，构建的数据模型为分析需求服务，因此它重点解决用户如何更快速完成分析需求，同时还有较好的大规模复杂查询的响应性能。多维建模是面向分析的，为了提高查询性能可以增加数据冗余，反规范化的设计技术。

无论是范式建模，还是多维建模，都是关系型数据库建模范畴。关系型数据库使用一系列二维表来表达数据以及数据之间的联系。关系型数据库的优点有：容易理解，二维表的结构非常贴近现实世界；使用方便，通用的 SQL 语句使得操作关系型数据库非常方便；易于维护，数据库的 ACID（Atomicity、Consistency、Isolation、Durability）属性，大大降低了数据冗余和数据不一致的概率。关系型数据库不足之处是数据需要预先定义结构，也就是说关系型数据库必须定义好字段和表结构之后，才能够添加数据，例如定义表的主键、索引、外键等。表结构可以在定义之后更新，但是如果有比较大的结构变更，就会变得复杂。在过往的企业经营分析系统中，基于原有的数据建模方法，一旦有新增指标，要么重构数据模型，要么建立更多数据模型，这会导致因数据模型过多，使得使用和维护数据模型变得很复杂，从而增加使用错误的数据解决问题的风险。本文针对关系型数据库建模方法的局限性，提出一种度量维度化的数据模型，解决因业务频繁变化指标频繁变更导致数据模型过多带来的管理和使用困扰。

（三）度量维度化的数据模型

传统的经营分析系统在构建数据模型时，主要根据业务需求建立各类数据模型。如果有新业务需求，数据开发工程师会先判断原有模型是否能满足新需求的要求。如果能满足，则直接采用原有数据模型进行需求开发。如果原有数据模型不能满足新业务需求，则要么重构原有数据模型，要么新建一个数据模型。一般工程师会采用新建新数据模型的方式来解决新需求，因为重构数据模型会涉及历史数据迁移问题而变得更加复杂。长此以往，数据模型会越来越多，多则几百个甚至更多。数据模型一旦过多，管理和使用数据模型会变得很困难。工程师在处理业务需求时，面对如此多的数据模型，而且很多数据模型具有很大的相似性但又有区别，都不知道应该采用哪个数据模型合适。老工程师一直跟进数据模型，对数据模型比较熟悉，如果有新业务需求，他们就大概知道用哪个模型。新工程师刚接手工作，由于经验不足，即使有说明文档也难以操作，也很容易根据自己的理解给出错误的数据解决方案。

一个数据模型中包含维度（Dimension）和度量（Measure）。维度就是观察数据的角度，即从哪个角度去分析问题。维度一般是一个离散的值，比如，时间维度上每一个独立的日期或地域，因此统计时，可以把维度相同记录的聚合在一起，应用聚合函数做累加、均值、最大值、最小值等聚合计算。度量即分析指标，是被聚合的统计值，也是聚合运算的结果，它一般是连续的值。

（四）度量维度化数据模型对传统企业数据化转型的借鉴意义

在5G、云计算、物联网盛行的时代，石油、天然气、汽车、基础设施和制药等较为传统的企业也积极加入数字化转型的浪潮中。尽管度量维度化数据模型诞生于互联网企业，但其建模思想在助力传统企业转型上也有很好的借鉴价值。

传统企业与互联网企业相比，指标相对稳定。但根据最近二十年实践经验发现，传统企业也需要紧随时代潮流，进行变革和创新，酝酿出更多有市场竞争力的产品。新产品、新模式、新业态意味着评估标准也需要突破传统模式。度量维度化数据模型可以把各类业务、各种产品、不同指标融合到模型中，适应不同评估模式，指标的获取根据需要灵活运算、自由切换。

最底层为企业各个业务系统，主要负责生产企业业务数据。传统企业应提高业务线信息化程度，建立稳定的业务系统，夯实业务底层基础。

中间层是数据平台。数据平台将孤立的各业务数据，通过关键值（keyword）关联在一起，存储到离线数据平台中。数据平台另一个主要的功能就是将数据根据不同的颗粒度进行分层，以便适应不同层级的业务需求。一般将业务数据分层四个层级，分别为业务操作数据层ODS（Operational Data Store）、数据维度层DIM（Dimension Data Layer）、数据明细层DWD（DataWarehouseDetail）以及数据汇总层DWS（Data Warehouse Detail）。

顶层围绕企业战略，将核心指标从粗到细逐层展开，形成以企业当前战略为核心的指标层次结构，利用度量维度化数据模型构建企业经营分析系统。尽管企业的战略会随市场行情调整，但是度量维度化模型提供了各类基础指标，根据不同的战略需要，可进行指标间自由组合运算，适应各种战略需求。

实际上，构建以数据平台为基础的企业经营分析系统是一件投资大、周期长、见效慢的事情，互联网企业天生具备数字化基础，搭建企业经营分析系统相对比较容易实施，但想要成功部署到传统企业，会面临诸多利益相关者的阻力。如何尝试用数据分析的过程去优化管理决策，让管理层逐渐看到数据价值，通过数据分析助力企业生产经营是一个较大的考验。

二、企业虚拟经营绩效评价

虚拟经营作为动态环境下企业的一种新型经营模式，其绩效评价可以有效推动企业开展虚拟经营并获取竞争优势。平衡计分卡是最具普遍适应性的绩效评价模型，它涵盖财务指标，以及顾客满意度、内部管理、创新和学习等方面的非财务指标，能够对企业绩效进行全面的衡量；它以战略目标为导向，将绩效评价与企业战略有效结合，能够及时准确地反映企业经营状况。

因此，平衡计分卡评价模型亦可满足虚拟经营绩效评价的要求。虚拟经营绩效可定义为企业在虚拟经营模式下整合核心能力，优化资源配置，快速响应市场需求，通过一系列合作协调的交互作用在一定时间内实现的战略目标程度。由于虚拟经营绩效有别于传统的企业绩效，本文将虚拟经营自身特点融入平衡计分卡模型，以战略目标为导向构建其绩效评价模型及体系。

（一）虚拟经营绩效评价体系设定原则

指标体系应综合考虑虚拟经营的整体战略目标和个性特点，在充分体现其关键性能的基础上，将共性指标与个性指标有效整合。

指标体系应以高效益、低成本与赢得客户满意为前提，将财务与非财务指标结合起来综合反映企业的当前盈利能力和可持续发展能力。

评价指标体系的设定能对虚拟经营的整个运作流程进行全面综合评价。

强调指标实施可行性，保证指标体系的最佳平衡。

（二）虚拟经营绩效评价体系的建立

虚拟经营绩效评价体系的建立，要以虚拟经营的战略目标分解为依据，从基本目标出发，结合虚拟经营特点明确虚拟经营的个性目标，从而形成虚拟经营总体战略目标体系，进而在此基础上确定虚拟经营的绩效指标。和传统企业一样，虚拟经营的基本经营战略目标也要求效益最大化，顾客满意，良好的内部运作；同时，为了获得持续经营效益，也要求企业必须加强创新发展，形成竞争对手无法取代的核心竞争力。与传统企业不同的是，虚拟经营具有敏捷性、整合性、网络化以及共赢合作的特点，自身的独特性要求虚拟经营具有其独特的个性目标，即追求敏捷性、联盟企业间合作协调性以及联盟内部高效运作。所以，将虚拟经营的基本目标与个性目标相结合，构成虚拟经营总体战略目标体系，如图 7-3 所示。

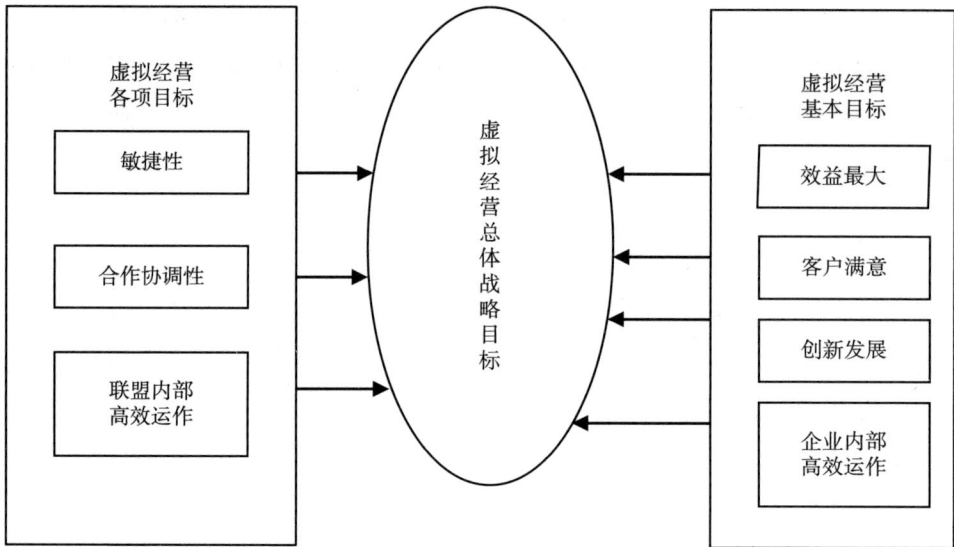

图 7-3　虚拟经营总体战略目标体系

三、虚拟经营绩效评价的具体指标要素

在平衡计分卡模型的基础上，将绩效指标与上述战略目标予以有效结合，从财务、客户、创新与学习、内部运作、敏捷性和合作协调性六方面构建虚拟经营绩效评价体系，如表 7-4 所示。

表 7-4　虚拟经营绩效评价体系

评价层面	指标含义	具体指标选择
财务方面（F）	企业构建动态联盟所取得的经营业绩	流动比率 F_1
		投资收益率 F_2
		相对市场份额增加率 F_3
客户方面（C）	从组建联盟后所取得的优势予以反映客户满意度	客户对产品与服务质量的满意程度 C_1
		产品价格优势 C_2
		客户保持率 C_3
		新客户增长率 C_4
创新与学习（L）	组建动态联盟后企业的持续发展能力	员工学习能力 L_1
		员工对联盟满意度测量 L_2
		联盟期内开发新的技术投入增长率 L_3
		联盟期内更新设备投入增长率 L_4
		联盟期内新产品的开发与销售情况 L_5
内部运作（P）	考核联盟内部运作情况	库存周转率 P_1
		订单完成率 P_2
		流程实际运作效率的提高 P_3
		质量控制体系的改进 P_4
		运作成本的降低 P_5

评价层面	指标含义	具体指标选择
敏捷性（T）	考核虚拟经营的快速响应能力	对市场需求的响应速度 T_1
		产品与服务功能和质量的个性化改善 T_2
		对突发事件的应变能力 T_3
合作协调性（W）	考核联盟企业间的协调性	联盟企业间实现的交易额占总收入比率 W_1
		联盟企业间利益分配合理性 W_2
		核心能力契合度 W_3
		联盟企业间文化协同性 W_4
		联盟企业间信息交换比例和质量 W_5
		联盟企业间信息传递的及时率与准确率 W_6

（一）财务方面

财务指标是衡量企业经营业绩的核心指标，传统平衡计分卡从生存、盈利以及价值增长三方面来设定财务指标。综合考虑虚拟经营自身特点，选取流动比率、投资收益率和相对市场份额增加率指标对上述三方面进行衡量。

流动比率是指流动资产与流动负债的比率，它可以反映企业的应急与偿债能力，是考核企业生存状况的重要标准；投资收益率作为传统经营指标，可以有效地反映企业的盈利情况；相对市场份额增加率是指企业在规定的联盟期内销售额增加量与同行业企业总销售额的增加量之比，它可以直观地反映企业的价值增长情况，也是衡量企业虚拟经营状况的重要财务指标。

（二）客户方面

从质量、价格以及客户价值三方面评价客户满意度，其中产品与服务质量满意度可具体利用产品合格率、返修率、服务满意率和投诉解决比例等指标来衡量；在价格方面，选用联盟后产品的价格优势作为主要指标，具体指与同类产品相比所具有的较高的产品性价比；联盟后原客户保持水平以及新客户的增长程度，能够较好地衡量现有客户的稳定性和新客户增长状况，从而反映虚拟经营企业的现有销售规模和未来销售潜力。

（三）创新与学习

创新与学习层面，重点强调企业不断创新并保持持续竞争优势的能力。员工是虚拟经营企业创新发展的动力之源，若员工有着较高的学习能力，并对联盟有着较高的满意度，则可充分调动其工作积极性，准确把握客户需求，促进企业不断改进创新；组建联盟后开发新技术与更新设备的投入，直接影响到创新与学习能力的提升；联盟期内新产品的开发与销售情况可直观反映企业当前创新与学习能力的水平。

（四）内部运作

由于动态联盟是虚拟经营的运作形式，本文对虚拟经营的内部运作研究侧重于联盟内部运作。在分析虚拟经营与传统经营共性的基础上，选取库存周转率与订单完成率来反映企业整体运作状况。企业实施虚拟经营会促使各企业核心能力集聚，从而带来企业内部运作能力的增强，因此，从效率提高、体系改进以及成本降低三方面，分析企业虚拟经营运作效果。

（五）敏捷性

虚拟经营所追求的速度经济、柔性规模，都体现其敏捷性。其中，对市场需求的响应速度可直观反映企业组建联盟后面对市场需求的快速反应能力，而产品柔性可反映为企业针对客户的个性化需求不断改善产品与服务，此外虚拟经营的敏捷性与灵活性可反映为企业对突发事件的应变能力。

（六）合作协调性

从利益、核心能力、文化、信息共享角度，衡量虚拟经营的合作协调性。在利益方面，联盟企业间实现的交易额占其总收入比率的高低，将直接影响到联盟企业对合作的重视程度，而利益分配公平合理将是衡量联盟稳固性、合作协调性的重要标准；核心功能的互补程度直接影响到联盟企业间的信任程度，进而对联盟企业间的合作满意度加以影响；企业间文化协同引导联盟企业间更好地达成共识，而这种共识是良好合作协调的必要保障；从信息角度，联盟企业间信息交换比例和质量，以及信息传递的及时率与准确率，对促进合作企业间沟通和信任发挥着重要作用，是衡量合作协调性不可缺少的两个指标。

参考文献

[1] 乔鹏程，朱卫东，赵莉.情景虚拟仿真技术在会计教育中应用研究 [J].财会通讯，2016，37（31）：36-39.

[2] 郑海英.基于互联网＋的新型教学模式改革与实践——以国际财务管理课程为例 [J].商业会计，2018，5（9）：123-124.

[3] 袁良荣.虚拟仿真环境下的会计专业实践教学体系探索 [J].科技经济市场，2016，23（11）：143-145.

[4] 邓文博.经管类跨专业虚拟仿真综合实训的探索与实践 [J].杨凌职业技术学院学报，2017，9（3）：44-48.

[5] 张亚南，文福安.基于虚拟仿真实验系统的自主学习研究 [J].中国教育信息化，2018年，3（6）：93-96.

[6] 马超，曾红，王宏祥.线上线下混合实验教学模式研究 [J].实验室研究与探索，2019，38（5）：185-189.

[7] 孙畅.经济管理虚拟仿真实验教学平台建设与实践 [J].教育教学论坛，2018，10（1）：279-280.

[8] 徐慧亮.经管实验中心跨专业实验平台模式研究 [J].实验室科学，2017，20（4）：236-240.

[9] 田志良.大数据时代虚拟仿真教学的改革研究——以高校财会专业为例 [J].韶关学院学报，2018，39（5）：95-99.

[10] 薛永基，陈建成，王明天.经管类专业虚拟仿真实验教学探索与实践 [J].实验室研究与探索，2017，36（10）：283-287.

[11] 郑海英.跨专业财务管理类虚拟仿真实验平台建设探讨 [J].商业会计，2020，No.680（8）：112-115.

[12] 孙慧.基于OBE理念的"物流设施布置规划"虚拟仿真实验探索与实践 [J].物流科技，2022（1）：162-164，173.

[13] 熊宏齐.基于虚拟仿真的线上线下融合专业实验教学体系构建 [J].实验技术与管理，2022（3）：5-10，25.

[14] 熊宏齐.虚拟仿真实验教学助推理论教学与实验教学的融合改革与创新 [J].实验技术与管理，2020（5）：1-4，16.

[15] 郑丽波.基于OBE教育理念的大学生创新创业课程教学模式初探 [J].齐齐哈尔

大学学报（哲学社会科学版），2019（1）：186-188.

[16] 刘海滨.基于 OBE 教学理念的大学生创新创业课程项目式教学改革实践研究 [J].
科技经济市场，2021（8）：151-152.

[17] 罗建新，张春燕，曾盛渠.基于 OBE 理念的创新综合实验教学改革研究 [J].科
教文汇（上旬刊），2019（8）：67-68.

[18] 杨嘉歆.基于创新创业能力培养的经管类虚拟仿真实验教学体系设计研究 [J].洛
阳师范学院学报，2021（3）：74-77.

[19] 吴迪.基于 OBE 的虚拟仿真实训课程教学模式——以初创企业经营仿真实训为
例 [J].教育信息化论坛，2022，No.123（8）：102-104.

[20] 李萍，王宇昕，高爽，等.虚拟仿真实验平台在仪器分析实验教学中的应用 [J].
中国校外教育，2019（11）：91-92.

[21] 胡晓雨，宗蕊，叶能胜.虚拟仿真技术在仪器分析实验教学中的应用 [J].中国现
代教育装备，2021（13）：39-42.

[22] 詹雪艳，袁瑞娟，林宏英，等.虚拟仿真实验在分析仪器实训教学中的应用实践
和思考 [J].中医教育，2021，40（4）：31-35.

[23] 张敏，刘俊波.对高校虚拟仿真实验教学项目建设的若干思考 [J].中国现代教育
装备，2020（1）：13-16.

[24] 刘思峰，菅利荣，米传民.管理预测与决策方法 [M].4 版.北京：科学出版社，
2020.

[25] 谢绍平，刘强，谌贻波.虚拟实验：MOOC 环境下实验教学的重要发展方向 [J].
中国教育信息化，2018（23）：74-79.

[26] 张龙，李凤霞，刘茜.新时期大学计算机教材及实验内容重构方案 [J].计算机教
育，2018（8）：136-139.

[27] 李凤霞，彭远红.虚拟实验方法全面助力计算机教育教学改革 [J].计算机教育，
2015（17）：1-2.

[28] 余可发，金明星.品牌真实性与价值共创视角下的老字号品牌复兴过程机制——基
于李渡酒业品牌案例研究 [J].管理学报，2022，19（4）：486-494.

[29] 李费飞.数字经济时代老字号品牌跨界创新影响因素与营销对策研究 [J].经营与
管理，2022（4）：13-18.

[30] 李园园，刘建华，段珅，等.中国本土文化情境下老字号品牌传承研究：维度探
索与量表开发 [J].南开管理评论，2022（4）：1-20.

[31] 吴小凤，岳荣荣，徐伟.老字号品牌传承构型与模式：一项模糊集的定性比较分
析 [J].商业经济研究，2022（1）：72-76.

[32] 潘美秀，杨敏.老字号品牌如何借 IP 化营销赋能 [J].全国流通经济，2022（1）：

29-33.

[33] 王德胜，杨志浩，韩杰．老字号品牌故事主题影响消费者品牌态度机理研究 [J]．中央财经大学学报，2021（9）：88-99.

[34] 曹凡，张智光．怀旧还是创新？ ——餐饮老字号品牌建设的中介效应模型研究 [J]．经营与管理，2021（8）：47-52.

[35] 王宁．新媒体时代下老字号品牌传播策略探讨 [J]．商业经济研究，2021（12）：66-69.

[36] 王剑．零售企业的全渠道演变及供应链优化研究 [J]．商业经济研究，2018（4）：93-95.

[37] 沈王仙子．基于供应链电商 O2O 模式的价值创新研究 [J]．商业经济研究，2017（12）：47-49.

[38] 陶章．基于物联网的供应链管理模式创新优化研究 [J]．技术经济与管理研究，2018（5）：46-50.

[39] 马斌．传统商贸与互联网时代供应链模式比较及融合路径研究 [J]．商业经济研究，2017（3）：142-144.

[40] 黎继子，刘春玲，张念．"互联网＋"下众包供应链运作模式分析——以海尔和苏宁为案例 [J]．科技进步与对策，2016（21）：24-31.

[41] 冉海兰．供应链模式下我国物流企业营销管理及创新机制 [J]．改革与战略，2017（3）：146-147.

[42] 张建军，赵启兰．基于"互联网＋"的供应链平台生态圈商业模式创新 [J]．中国流通经济，2018（6）：37-44.

[43] 王柏谊，杨帆．"互联网＋"背景下企业供应链模式创新研究 [J]．社会科学战线，2016（3）：257-260.

[44] 倪晨皓．大数据技术应用现状及发展趋势研究 [J]．中国管理信息化，2021，24（16）：179-180.

[45] 黄小华．大数据技术体系及发展趋势探析 [J]．商业文化，2021（20）：48-49.

[46] 王俊皓．大数据技术的发展现状和未来趋势 [J]．中国新通信，2020，22（21）：33-35.

[47] 马东波．云计算和大数据技术发展现状及趋势探讨 [J]．产业与科技论坛，2020，19（21）：36-37.

[48] 王向红，陈潇一．云计算与电力大数据技术的现状及发展趋势研究 [J]．陕西电力，2017，45（6）：70-72.

[49] 傅耀威，杨国威，徐泓，等．云计算和大数据技术发展现状与趋势 [J]．中国基础科学，2018，20（3）：35-37.

[50] 陈健. 我国大数据技术发展的政策体系研究 [D]. 昆明：云南师范大学，2017.

[51] 洪栋斌. 基于云计算的故障装备大数据技术研究 [D]. 北京：北京邮电大学，2019.

[52] 王涛. 云计算及大数据技术研究 [J]. 信息通信，2020（12）：255-257.

[53] 姜迪清，张丽娜. 基于云计算和物联网的网络大数据技术研究 [J]. 计算机测量与控制，2017，25（11）：183-185，189.

[54] 李丽萍，孙梦琳. 云计算及大数据技术在智能交通中的应用 [J]. 经济研究导刊，2020（16）：164-165.

[55] 汤义好. 校园网云存储开放平台的设计——基于云计算和大数据技术 [J]. 内江师范学院学报，2017，32（6）：43-48.

[56] 郭艳玲. 基于云计算和大数据技术的海洋资源开发文献翻译研究 [J]. 佳木斯职业学院学报，2017（7）：361-362.

[57] 王志强，裴旭斌，解林超，等. 基于云计算及大数据技术的远程实时费控服务化应用技术研究 [C].2016 智能电网发展研讨会论文集，2016：388-391.

[58] 李传军. 大数据技术与智慧城市建设——基于技术与管理的双重视角 [J]. 天津行政学院学报，2015，17（4）：39-45.

[59] 王二朋. 大数据技术和案例推理在城市建设审批中的研究与应用 [D]. 杭州：浙江大学，2015.

[60] 李振元，李宝聚，王泽一. 大数据技术对我国电网未来发展的影响研究 [J]. 吉林电力，2014，42（1）：10-13.